남양 남방의 일반개념과 우리들의 각오

『南洋』『南方の一般概念と吾人の覺悟』

일본 동남아시아 학술총서 **01**

남양
남방의
일반개념과 우리들의 각오

『南洋』『南方の一般概念と吾人の覺悟』

이노우에 마사지 저 ∣ 정병호 역

보고사
BOGOSA

간행사

　2017년 '한국-아세안 미래공동체 구상'을 중심으로 하는 한반도 '신남방정책' 발표와 다음해 정부의 신남방정책특별위원회 설치는 아세안(동남아시아 10개국)과 인도 지역의 급속한 경제적 성장과 미래의 잠재력을 염두에 둔 정책 아젠다였다. 물론 이러한 선언은 이 지역이 세계 경제의 성장엔진이자 블루오션으로 떠오르고 있다는 인식과 그 지정학적 중요성에 바탕을 둔 정책이며, 나아가 이 지역에서 상호 경쟁을 벌이고 있는 일본과 중국의 동남아시아 정책을 의식한 것이기도 하였다.

　왜냐하면 일본과 중국도 오히려 한국보다 훨씬 앞서 다양한 형태의 '남방정책'을 추진하여 이들 지역에 대한 경제적, 정치적, 문화적 영향력을 확대해 왔기 때문이다. 태평양전쟁 기간 중 이른바 '대동아공영권' 구상을 통해 동남아시아 및 남태평양(남양) 지역을 침략하여 군정(軍政)을 실시하였던 일본은 패전 후 동남아시아 각국에 배상이라는 장치를 통해 오히려 금융, 산업, 상업 방면에 진출하여 패전국이면서도 이 지역에 대한 영향력을 확대해 왔다. 2018년을 기준으로 아세안 직접투자가 중국의 2배, 한국의 6배 이상을 차지하는 일본은 2013년 '일본-아세안 우호 협력을 위한 비전선언문', 2015년 '아세안 비전 2025'를 통해 이 지역 내 중국의 영향력을 견제하고 일본의 대외정책의 지지기반 확대와 경제협력을 확대하고 있다. 동남아시아 지역과 국경을 접하고 있는 중국은 2003년 아세안과 전략적 동반자 관계를 맺은 이후 정치안보와 경제, 사회 문화 공동체 실현을 추진하고 2018년 '중국-아세안 전략적 동반자 관계 2030 비전'을 구체화하였으며 '일대일로' 전략을 통해 아세안 에 대한 영향력을 강화하고 있다. 이와 같이 한·중·일 동아시아 3국은 아세안+3(한중일) 서미트를 비롯하여 이 지역과 협력을 하면 서도 격렬한 경쟁을 통해 각각 동남아시아 지역에 정치적, 외교적, 경제적, 문화적 역량을 집중하고 있다.

동남아시아 지역의 중요성이 부각되고 한국의 신남방정책 추진 에 즈음하여 2018년과 2019년에 정부 각부서와 국책연구소, 민간 경제연구소 등에서는 한국의 신남방정책 관련 보고서가 다량으로 간행되는 가운데, 2017년 한국 정부의 '신남방정책' 선언 이후 일 본의 사례를 참조하여 그 시사점을 찾으려는 논문이 급증하고 있 다. 나아가 근대기 이후 일본의 남양담론이나 '남진론(南進論)' 관 련 연구, 그리고 일본과 동남아시아의 관계사나 경제적 관계, 외 교 전략 관련 연구는 2000년대 이후 개시하여 2010년대에 이르러 활발하게 연구가 이루어지고 있다. 그럼에도 불구하고, 정작 한국 사회와 연구자가 필요로 하는 동남아시아에 관한 일본의 학술서나 논문, 보고서 등 자료의 조사와 수집은 물론 대표적인 학술서의 번역이 거의 이루어지지 않았다고 할 수 있다.

따라서 고려대 글로벌일본연구원에서는 근대기 이후 동아시아 국가 중에서 동남아시아 지역에 대해 가장 먼저 관심을 가지고 대 외팽창주의를 수행하였던 일본의 동남아시아 관련 대표적 학술서 를 지속적으로 간행하고자 '일본 동남아시아 학술총서'를 기획하게 되었다. 이에 고려대 글로벌일본연구원은 먼저 일본의 동남아시아 및 남태평양 지역과 연계된 대표적 학술서 7권을 선정하여 이를 8권으로 번역·간행하게 되었다.

제1권인 『남양(南洋)·남방의 일반개념과 우리들의 각오(南方の一般概念と吾人の覺悟)』(정병호 번역)는 남진론자(南進論者)로서 실제 동남아시아 지역에서 실업에 종사하였던 이노우에 마사지(井上雅二)가 1915년과 1942년에 발표한 서적이다. 이 두 책은 시기를 달리하지만, 동남아시아 지역의 역사와 문화, 풍토, 산업, 서양 각국의 동남아 지배사, 일본인의 활동, 남진론의 당위성 등을 상세하게 기술하였다. 제2권·제3권인 『남양대관(南洋大觀) 1·2』(이가현, 김보현 번역)는 일본의 중의원 의원이자 남양 지역 연구자였던 야마다 기이치(山田毅一)가 자신의 남양 체험을 바탕으로 1934년에 간행한 서적이다. 본서는 당시 남양 일대 13개 섬의 풍토, 언어, 주요 도시, 산업, 교통, 무역, 안보 및 일본인의 활동을 사진과 함께 상세하게 소개하고 있다. 이 책은 기존의 남양 관련 서적들과 달리 남양의 각 지역을 종합적으로 대관한 최초의 총합서라는 점에서 그 의의가 있다.

제4권 『신보물섬(新寶島)』(유재진 번역)은 탐정소설가 에도가와 란포(江戶川亂步)가 1940에서 41년에 걸쳐 월간지 『소년구락부(少年俱樂部)』에 연재한 모험소설이다. 이 소설은 남학생 세 명이 남태평양의 어느 섬에서 펼치는 모험소설로서 여러 역경과 고난을 이겨내고 마침내 용감하고 지혜로운 세 일본 소년이 황금향을 찾아낸다는 이야기인데, 이 당시의 '남양'에 대한 정책적, 국민적 관심이 일본 소년들에게도 미치고 있음을 잘 보여주고 있다. 제5권

인『남양의 민족과 문화(南洋の民族と文化)』(김효순 번역)는 이토 겐(井東憲)이 1941년 간행한 서적이다. 이 책은 태평양전쟁 당시, '대동아공영권' 구상을 뒷받침하기 위해 일본과 남양의 아시아성을 통한 '민족적 유대'를 역설하고 있다. 방대한 자료를 통해 언어, 종교 등을 포함한 남양민족의 역사적 유래, 남양의 범위, 일본과 남양의 교류, 중국과 남양의 관계, 서구 제국의 아시아 침략사를 정리하여, 남양민족의 전체상을 입체적으로 그려내고 있다.

제6권인『남양민족지(南洋民族誌)』(송완범 번역)는 일본의 평론가이자 전기 작가인 사와다 겐(澤田謙)이 1942년에 간행한 서적이다. 이 책은 당시 일본인들의 관심 사항인 남양 지역의 여러 문제를 일반 대중들에게 쉬운 문체로 평이하게 전달하려고 한 책인데, 특히 '라디오신서'로서 남양을 '제국일본'의 병참기지로 보는 국가정책을 보통의 일본 국민들에게 간결하고 평이하게 전달하고 있다. 제7권인『나카지마 아쓰시(中島敦)의 남양 소설집』(엄인경 번역)은 1942년에 간행한 남양 관련 중단편 10편을 묶어 번역한 소설집이다. 나카지마 아쓰시가 남양 관련 작품을 창작하고 발표한 시기는 태평양전쟁의 확산 시기와 겹친다. 스코틀랜드 출신 소설가 R.L.스티븐슨의 사모아를 중심으로 한 폴리네시아에서의 만년의 삶을 재구성하거나, 작가 자신의 팔라우 등 미크로네시아 체험을 살려 쓴 남양 소설들을 통해 반전 의식과 남태평양 원주민들을 바라보는 독특한 시선을 느낄 수 있다.

제8권인『남방 제지역용 일본문법교본 학습지도서(南方諸地域用日本文法教本學習指導書)』(채성식 번역)는 태평양전쟁의 막바지인 1945년에 남방지역에 대한 일본어교육 및 정책을 주관한 문부성이 간행한 일본어 문법 지도서이다. 언어 유형론적으로 일본어와 다른 언어체계를 가진 남방지역의 원주민을 대상으로 당시 일본어 교육 현장에서 어떠한 교수법과 교재가 채택되었는지를 본서를 통해 엿볼 수 있다.

이들 번역서는 메이지(明治)시대 이후 남양으로 인식된 이 지역에 대한 관심과 대외팽창주의를 잘 보여주고 있으며, 이 지역의 역사, 문화, 풍토, 산업, 서양과의 관계, 남진론 주장, 언어 교육, 일본인들의 활동, 지리 등을 잘 보여주고 있다. 이 '일본 동남아시아 학술총서'는 메이지 유신 이후 동아시아의 근대화를 주도하고 주변국의 식민지배와 세계대전, 패전이라는 굴곡을 거치고도 여전히 동아시아에 막대한 영향력과 주도권을 행사하는 일본이 지난 세기 일본이 축적한 동남아시아에 대해 학지를 올바로 파악하는 데 도움을 줄 것으로 생각한다. 또한 다양한 분야에 본 총서가 기초자료로 활용함으로써 동남아시아 관련 후속 연구를 가능하게 할 것으로 기대하며, 이를 통해 신남방 시대의 학술적 교두보를 구축하는 데에 도움이 되기를 기대하는 바이다.

특히 어려운 환경에도 불구하고 이 총서간행을 기꺼이 맡아주신 도서출판 보고사의 김흥국 사장님과 꼼꼼한 편집을 해 주신 박현정 편집장을 비롯한 편집팀에게 감사한 마음을 전하고 싶다.

2021년 2월
고려대 글로벌일본연구원
〈일본 동남아시아 학술총서〉 간행위원회

목차

간행사 … 5

제1부 _ 남양 ··· 15

서(序) ··· 17

1. 대일본주의(大日本主義) ······························ 19
　　일본의 사명 ······································· 19
　　흥아(興亞)의 신조 ······························· 21
　　열강의 식민정책 ································· 25
　　일본의 왕도 ····································· 28

2. 남진의 목소리 ······································· 30
　　남진은 자연 ····································· 30
　　진무(神武)의 옛날로 돌아가다 ················· 31

3. 지리적 남양 ··· 33
　　호주·아시아의 양계통 ························· 33
　　3대 구역의 특장 ······························· 35

4. 역사적인 남양 ·············· 37
　우선 스페인, 포르투갈, 네덜란드, 영국의 할거(割據) ······ 37
　영국, 네덜란드 양국의 항쟁 ·············· 38
　독일과 미국의 참가 ·············· 40
　오늘날의 4대 세력 ·············· 41

5. 남양의 부원 ·············· 42
　말레이와 오스트라시아 ·············· 42
　개발 놀랄만한 자바 ·············· 43
　식인종과 극락조의 뉴기니 ·············· 46
　무진장의 부원을 가지는 보르네오 ·············· 48
　미개 그대로의 수마트라 ·············· 53
　야자업이 유망한 셀레베스 ·············· 54
　향료로 이름 높은 몰루카군도 ·············· 55
　쌀과 삼과 사탕의 필리핀군도 ·············· 56
　고무사업 왕성의 말레이반도 ·············· 58
　인광(燐鑛)으로 충당하는 독일령 남양 ·············· 59

6. 남양의 토인과 회회교 ·············· 61
　맹악(猛惡)한 식인종 ·············· 61
　남양의 주인공 말레이족 ·············· 63
　회회교의 세력 ·············· 64

7. 중국인의 남양 ·············· 66
　네덜란드 관헌의 중국인 배척 ·············· 66
　경제상·정치상의 대세력 ·············· 67

8. 남양의 일본인 ·· 70
　　일본인의 분포 ·· 70
　　소설 이상으로 화제가 풍부한 낭자군(娘子軍) ·············· 71
　　성공한 정업자(正業者) ···································· 74
　　진지한 발전 ·· 75

9. 유사 일본향(日本鄕)과 소일본촌 ····················· 76
　　미나하사(Minahasa)의 유사 일본향 ····················· 76
　　일본인 그대로의 미나하사 토인 ························· 77
　　천주교도의 후예인가 ··································· 79
　　도보섬의 소일본촌 ····································· 80
　　겹겹이 쌓인 묘표(墓標) ································· 81

10. 방인의 고무재배사업 ······························· 83
　　고무사업의 전도 ······································· 83
　　고무사업에서 일본인의 지위 ··························· 85
　　일본인 재배업자협회의 설립 ··························· 86

11. 유망한 사업의 여러 가지 ··························· 88
　　야자재배의 전도 ······································· 88
　　진주 채취업 ·· 89
　　일으킬 수 있는 소공업 ································· 89
　　무역품으로서 유망한 것은 ······························ 90

12. 기후 및 위생 기타 ································· 92
　　영국 관헌과 위생행정 ·································· 92

남양은 건강지 ················· 93

마음 편한 남양 ················· 94

13. 어떻게 발전책을 강구해야 하는가 ················· 96

남양 소개의 기관 ················· 96

항로와 금융기관 ················· 97

14. 남양의 영웅 ················· 99

섬의 매물(賣物) ················· 99

싱가포르의 건설자 래플스 ················· 101

래플스의 위업 ················· 102

제임스 브룩의 대업 ················· 104

15. 남양의 내일 ················· 106

남양과 독일, 네덜란드, 미국 ················· 106

괄목해야 할 영국령의 장래 ················· 108

16. 가야하며 개척해야 한다 ················· 110

제2부 _ 남방의 일반개념과 우리들의 각오 ················· 113

  – 특히 도남(圖南)의 청년에 고한다

번역 후기 ··· 183

제1부

남양

서(序)

　인간으로 타재(墮在)하여 하루살이의 몸으로써 작은 섬 가운데에서 영욕을 다투는 일은 장부아(丈夫兒)가 하지 않는 바이다. 어찌 남쪽에 있는 큰 바다 만리의 파도를 뛰어올라 적도 직하에 제왕의 업을 시작하지 않겠는가.

뜻은 새로 나라를 건국하는 데 있고	志在新建國
마음은 죽은 뒤의 명예를 기약하네	心期身後名
뜨거운 태양의 7월 여름에	驕陽夏七月
칼 하나 가지고 남쪽 바다(남양)로 간다네	孤劍南洋征

1914년 12월

이노우에 마사지(井上雅二)

1

대일본주의(大日本主義)

일본의 사명

근래 교통기관의 발달은 동서의 거리를 축소하고, 인지(仁智)의 향상은 인종간의 편견을 약하게 만들고 있으며 나아가서는 평화주의가 제창되기에 이르렀다. 이로 인해 어떤 경우에는 열국의 평화회의가 열리고, 어떤 경우에는 국제의 중재재판이 개최되고 어떤 경우에는 다양한 종류의 평화단체가 만들어지고, 문명제국은 이들의 주장에 대해 상당한 주의를 기울이는 데 이르렀다. 미국과 같은 곳은 정치가의 정강으로 되고 있어서, 이를 표면상으로 관찰하면 사해동포라는 아름다운 문자가 그대로 실현되는 것이 아닌가 의심하게 만든다(そのままに実現. せらるるにあらざるやを疑はしむ). 그렇지만 돌이켜 생각하건데 약자는 여전히 강자의 안주임이 인류계의 실상이다. 오래된 말이지만 적자생존이라는 것은 이를 설명하고 남는다. 이 진부한 말은 어디든 고금을 관통하는 진리이며 인류의 최고단체인 국가 사이에도 적용됨은 두말할 필요가 없다. 그리

하여 세계의 각 국가는 국시라고 칭하여 자기를 확대하고 마침내 세계를 그 수중에 통일하려는 이상을 표적으로 하여 국민을 지도하고 있다. 카이저(Kaiser)의 전독일주의, 차르(Czar)의 전러시아주의가 모두 그러하며, 시대가 내려와서는 아메리카합중국의 먼로주의(Monroe Doctrine)와 같은 것도 더욱 발전하면 전미주의가 되는 것이다.

그렇다면 우리 일본의 국시는 어떠하며, 천직(天職)은 어느 곳에 있는가? 진무(神武)[1] 이래 야마토(大和)민족의 포부는 최근에 나타나, 왕정 유신의 5개조 서문(誓文)[2]이 되었다. 지식을 세계에 구하여 크게 황기(皇基)를 진작시켜야 한다고 하고, 상하 마음을 하나로하여 기세 좋게 경륜(經綸)을 행하여야 한다고 함은 일본국민이 크게 신장하지 않으면 안 된다는 의미를 포함하는 것이다. 이른바 대일본주의, 즉 일본팽창주의이며 우리의 건국 이래의 대방침이다. 이는 곧 승자, 강자, 적자(適者)의 유일한 길이다.

그렇지만 나는 굳이 패도(覇道)를 주창하는 것은 아니다. 진정한 대일본주의는 자신을 위해 곧바로 타자를 희생으로 삼는 것을 좋아하지 않는다. 자타 공동의 이익을 존중하여 이른바 왕도(王道)를 사해에 선포한다고 하는데 지나지 않는다. 일본은 진정으로 동서문명의 조화융합을 도모하고, 혼연(渾然)한 신문명을 대성(大

──────────

1 『고지키(古事記)』(712), 『일본서기(日本書紀)』(720)에 따르면 야마토를 정벌하고 일본을 건국하여 초대천황으로 올랐던 진무천황(神武天皇)을 가리킨다.
2 메이지유신(明治維新)이 일어난 1868년 4월에 메이지천황이 천지신명에게 서약하는 형태로 공경과 제후들에게 제시한 5개조의 메이지 정부의 기본방침.

成)하여 장래 세계 인류의 지남차(指南車)가 될 수 있는 지위에 있는 것이다.

흥아(興亞)의 신조

나는 원래 빈말을 배척하고 실행을 제일로 여긴다. 따라서 대일본주의의 선전자, 고취자이기 보다, 오로지 그 실행자임을 희망한다. 너무나 큰 소리 치는 것 같지만, 소년 이래 선배의 교훈은 나로 하여금 그 실행자의 한 사람으로서 일신의 진로를 향하게 만들었다. 지금부터 20년 전, 아직 학교생활을 마치지 않았을 때도 이 목적을 달성할 수 있도록 우선 아시아를 일으키는 것이 제1보라고 생각하고 흥아라는 두 글자를 가지고 좌우(左右)의 신조로 삼고 있었다. 이를 위해서는 무엇보다 다대한 수양을 쌓고, 수많은 곤란을 경험하지 않으면 안 된다는 것은 명백하다. 스스로 그 땅에 들어가서 그 땅의 인문을 연구할 필요가 있다. 즉, 우선 대만에 건너간 것은 1895년이다. 그로부터 매년 동양 여러 나라를 순유(巡遊)하였다. 다음 해인 1896년 여름 중국 내지를 둘러보고, 1897년 여름에는 고 가와카미(川上)장군³ 일행과 더불어 조선을 거쳐 동부 시베리아, 가라후토(樺太) 방면을 시찰하였다. 1898년에는 동아동

----

3 청일전쟁 당시 혁혁한 공적을 남겨 메이지시대 육군의 3대 영웅이라 불리며 참모 총장까지 오른 육군대장 가아카미 소로쿠(川上操六, 1848-1899)를 가리킨다.

문회(東亞同文會)[4]의 전신인 동아회(東亞會)로부터 파견되어 북중국 일대를 시찰하고 1899년 와세다(早稻田)학원을 나오자마자 곧바로 동아동문회의 명을 받고 세 번에 걸쳐 중국에 건너가, 『상하이동문호보(上海同文滬報)』를 창간하여 체재하기를 1년, 북청사변(北淸事變)에 조우하여 1900년 가을 도쿄로 돌아와 지금의 상하이에 있는 동문서원(同文書院)의 창립에 관계하였다.

이렇게 하여 동방 방면의 연구는 대략 이루었기 때문에, 그 위에 근세문명의 기지인 유럽 및 동방문제와 수미상응하고 있는 중앙아시아, 발칸반도 방면을 시찰하고자, 1901년 봄 인도양을 거쳐 유럽에 건너가 독일과 오스트리아 양국의 수도에서 3년간 재학하였다. 먼저 오스트리아 수도 비엔나에 가서, 같은 해 여름 곧바로 헝가리, 불가리아, 세르비아, 루마니아 등 발칸반도의 여러 나라를 돌아다녔다. 1902년 여름에는 남러시아를 거쳐 코카서스산을 넘어 카스피해를 횡단해 중앙아시아의 타슈켄트에 이르러 다시 방향을 바꾸어 페르시아에서 코카서스로 나와 흑해에서 오데사, 페테르부르크(지금의 페트로그라드)를 거쳐 베를린에 귀착하여 1년 동안 체재하였다. 1903년 봄에 출발하여 영국, 프랑스, 벨기에 등의 유럽 문명국을 시찰하고 있을 때, 동양에서는 만주문제로 인해 러시아와 일본이 서로 분쟁하여 점차 갈등이 격렬해졌는데, 마침 그 때 발칸반도에서는 터키와 불가리아가 역시 분쟁하여 위기일

....
4 1898년부터 1946년에 걸쳐 일본에서 아시아주의를 내건 민간외교단체인데 실제로 일본의 제국주의 팽창을 도모한 국책단체라 할 수 있다.

발이 다가오는 형세였기 때문에 러시아와 일본의 파열이 어떻게 될지는 터키와 불가리아의 풍운 여부에 따르는 바가 크다고 생각하였다. 그래서 영국으로부터 되돌아가서 독일을 거쳐 러시아 수도에 들어가 남하하여 콘스탄티노블에서 소아시아를 시찰하고 방향을 바꾸어 살로니카의 소요(騷擾) 지역을 지나 불가리아, 루마니아를 다시 방문하고 다음으로 모스크바에 당도해 시베리아철도로 귀국한 것은 같은 해 가을이었다.

이렇게 여행을 계속하고 있는 중에도 흥아라는 두 글자는 내 가슴을 떠나지 않았다. 그렇지만 일본은 아직 조선이라는 하나의 반도조차도 완전히 처분하지 못하고 있었던 때이기 때문에, 결심한 바가 있어서 교토에 겨우 2개월 체재하고 곧바로 조선에 건너가, 1904년 한국정부로 들어가 어떤 경우는 재무관으로서 어떤 경우는 궁내(宮內) 서기관으로서 궁중부(宮中府) 안에서 획책하는 바가 있었다. 그런데 한국병합의 성대한 일도 바야흐로 이루어지려고 하여, 조선문제도 대단락을 고할 전망이 섰기 때문에, 재한 7년 뒤 다시 한 번 열국 식민지의 상황을 시찰하고 장래의 경륜에 이바지할 목적으로 1910년 봄에 관촉(官囑)을 받아 두 번째 세계만유의 길에 올랐다. 아메리카를 거쳐 유럽으로 나와 벨기에, 영국, 독일, 프랑스 여러 나라를 거쳐 스페인, 포르투갈 방면에서 지브롤터(Gibraltar)를 넘어 모로코, 알제리(Algeria), 튀니스(Tunis) 등 북아프리카로 갔다. 이곳을 거쳐 지중해의 몰타(Malta), 시칠리아(Sicilia) 두 섬을 지나 이탈리아와 독일을 방문하고 일전하여 오스트리아의 달마티아(Dalmatia)에서 몬테네그로(Montenegro)로 가서 보스니아(Bosnia), 헤르체고비나(Herzegovina) 두 주(州)에서 멀리 터키의 국경에 위치하는 노비(Novi), 파자르(Pazar)에 이르고, 세르비아, 불가리아, 터키, 그리스를 거쳐 이집트로 건너갔다. 카이로에서 나일강을 거슬러 올라가기를 2천마일, 수단(Sudan)의 하르툼(Khartoum)로 나아가, 방향을 바꿔 인도로 들어가 아프가니스탄의 국경 페샤와르(Peshawar)에서 유람하다 유명한 카이버(Khyber) 고개도 탐험하고 동쪽은 콜카타(Kolkata)에서 다르질링(Darjeeling)에 이르고 버마, 말레이반도, 자바를 거쳐 다음 해인 1911년 4월에 귀국하였다. 이 여행은 300여일에 걸쳐, 수륙(水陸)의 도정 6만마일, 28개 나라를 답파하였는데, 내가 종래 10여 년간 여러 번에 걸친 여행 중에서 가장 흥미가 많고 이익이 많으며 그리고 기념해야 할 것이다. 이렇게 하여 귀국하자마자 여행 중에 얻은 지식은 나로 하여금 남양의 사람이도록 결심하게 만들었다. 즉 곧바로 같은 해 6월 재차 남항(南航)하여 남양에서 하나의 사업을 창시하고 그 이래 1년의 태반은 열대 상하(常夏)의 땅에 살고 있다. 작년 군함정에 편승하여 네덜란드령 인도 및 필리핀, 영국령 북보르네오를 시찰하였듯이, 겨우 금후 탐구의 초보임에 지나지 않는다. 무릇 이들 여행은 생래의 우둔함을 돌아볼 틈도 없이 오로지 평소 품고 있는 대일본주의를 실현할 수 있도록 어떻게 하면 좋을지를 연구하기 위함에 다름 아니다.

열강의 식민정책

그런데 이들 여행이 나에게 가르치는 바는 무엇이었을까? 우승 (優勝) 국민으로서 번영하고 있는 열강은, 안으로 인문의 발달을 도모하고 국민의 향상을 기도함은 물론이다. 그렇지만 밖으로 향해서는 식민지를 왕성하게 경영하여 이식민(移植民)을 보내 이른바 식민제국이 되어 본국 이외에 시장을 개척하고 또는 내지 공업 원료의 지반을 획득하고 있는 것이다. 나는 우승 국민이 현재 이른바 적자의 자격을 갖추고 있음을 깊이 감득한 것이다.

영국은 일대 식민제국이다. 영국이 이집트를 영유한지 겨우 32년에 지나지 않지만, 그 사이에 영국의 이집트 산업정책은 오로지 면화의 재배였다. 이집트의 수출 연액 3억만 엔 중 2억 4,5천만 엔은 실로 면화가 차지하는 가액이다. 영국은 이 면화를 본국에 가지고 돌아가서는 이를 정량(精良)의 면포 면사로 제조하여 사방에 팔고 있다. 마침 내가 체재하던 중, 재정고문 하르베씨와 회견하여 이집트 산업정책의 장래여부를 물었더니, 그는 곧바로 "면화의 재배장려에 있다"고 대답하였다. 새롭게 농무국장으로서 인도로부터 부임해 온 동숙(同宿)하던 한 신사도 같은 답을 나에게 주었다.

이집트에는 유명한 아스완(Aswan)의 저수제방이 있다. 세계 제일이라고 일컬어지며, 3천만 엔의 거액을 투자하여 개축되었는데 이것은 두 말할 필요도 없이 나일강의 강물을 저장하여 하기(夏期) 수량이 부족하였을 때 물을 사막에 끌어들여 면화의 재배면적을 확장하기 위함이다. 이러한 개축을 위해 지금까지 사막 불모의 지역이자 이식이 불가능한 장소 약 60만 에이커가 면화 밭으로 변해 버렸다. 이와 같이 나일강 유역은 옛날에 비해 면화재배의 지구를 확장하고 있는 것이다.

프랑스는 식민정책에 실패하였다고 하는 자도 있지만 북아프리카의 지중해 연안을 보면 결코 그렇지 않다. 알제리의 경영은 과거에 다소의 곤란을 맛보았지만 이미 14년 전보다 재정의 독립을 보고 있다. 알제리의 산업정책은 포도 재배인데, 프랑스 본국이 격증하는 포도주의 원료를 자국 내지에서 구할 수 없을 때 이 식민지에서 이를 가져와 원료의 부족 없이, 프랑스 포도주의 성가(聲價)를 유지하고 있는 것이다. 이웃 튀니지도 또한 포도 재배를 장려하고 있는데, 이 지방은 주로 인광석(燐鑛石), 코르크, 종이의 원료를 생산하고 있다.

네덜란드가 네덜란드령 인도를 점령하고 나서 지금 300년, 자바로부터 몇 억의 부를 얻었는지는 누구나 아는 바이다. 유명한 판 덴 보스(van den Bosch)의 컬쳐 시스템(Culture system), 즉 인민에게 관(官)이 정한 농작물 경작을 강제하고 그 산물을 본국으로 수입하여 이익을 올린다고 하는 것이었다. 커피의 재배가 바로 이것이다.

새롭게 식민제국이 된 독일이 소아시아의 경영에 고심하고 있음은 저 풍요로운 티그리스, 유프라테스 두 강 유역에 면화를 재배할 수 있으며, 또한 석유의 지반이 확대되기 때문에 이들을 몹시도 탐낸 결과에 다름 아닌 것이다. 무단전제국으로서 경제적인 개척에 극히 하수인 것처럼 보이는 러시아가 중앙아시아 경영을 어떻게 하고 있는지를 보건대, 이 또한 면화의 재배이다. 중앙아시아는 칭기즈칸시대에 이미 농업의 발달을 보았으며, 아무다리야(Amu Darya)강, 시르다리야(Sirdaryo)강 두 강으로부터 종횡으로 운하를 설치하여 천연의 사막을 가경지(可耕地)로 변화시켰다. 그런데 러시아가 이 방면을 점령한 이래, 이들 이전 사람들의 관개조직을 이용하고 확장하여 경작면적을 현저하게 넓혔으며, 여기에 면화재배를 장려하고 있다. 나의 중앙아시아 여행은 러일전쟁 전전년이었는데 그때 들었던 타슈켄트에서 오렌부르크(Orenburg)에 이르는 장거리 철도 부설계획은 전쟁으로 인해 중단되었다고 생각하였더니, 전시 중에도 착착 진행하여 전쟁 후 얼마 지나지 않아 완성을 보기에 이르렀다. 이들 일면에는 러시아가 웅대한 국가임을 증명하는 바인데, 다른 일면에는 그 중앙아시아의 경제경영이 전시 중에도 이 철도의 완성을 이루었다고 해도 좋다.

이렇게 열강의 식민지 경영은 실로 왕성한데 중세기에 세계를 이분하여, 각각 그 하나를 영유했다고 일컬어지는 스페인과 포르투갈 두 나라에 갔더니, 쇠퇴의 모습, 공연히 비애를 자아내게 만든다. 스페인은 수도 마드리드에서 포르투갈 국경에 이르는 사이에 흡사 사막과 같은 광대한 황무지가 있다. 이것은 이 나라가 종교상의 혐오로부터 유력한 농민인 무어인을 내쫓았다는 점, 자본가인 유태인을 방축(放逐)하였다는 점, 그 위에 씩씩하고 튼튼한 청장년계층의 다수가 남미로 이주했기 때문이다. 이 두 나라의 현재는 옛날의 그림자도 없이 제3등 나라로서 서구의 한 모퉁이에 몸을 굽히고 있음은 그들이 식민지에 불후의 노력을 이식하려고 하지 않고 쓸데없이 단물을 빨았던 결과이다. 즉, 원료의 생산에 힘을 쏟아 본국과 식민지 양쪽 모두 이익을 향수하고 양자의 관계를 긴밀하게 하여 공통의 이해를 도모하지 않은 결과에 다름 아니다.

일본의 왕도

그러면 우리 일본의 입장은 어떠한가. 우리나라는 뒤늦게나마 열국 경쟁의 와중에 투신하였다. 국민은 매년 매우 증가하고 있지만 국토는 극히 작아, 인구의 배출구로서 촉망받았던 북미와 하와이는 문호가 완전히 폐쇄되고, 호주 및 뉴질랜드는 백인 호주를 주의로 하여 이 또한 일본인의 이입을 금지하고 있다. 북미에 배일(排日) 문제가 일어나자 정부는 만주와 한국에 이민 집중정책을 제창하였지만 조선, 만주가 우리 이민의 수용소로서 다대한 촉망을 보존하기 어렵다는 점은 사람들이 아는 바이다. 중국 대륙은 인구가 조밀하지만 여전히 다소의 일본인을 받아들일 수 있을 것이다. 그럼에도 불구하고 이곳을 신일본인의 천지로 삼는 것은 가능하지 않다. 오늘날에 있어서 일본인이 가야하는 곳은 실로 남양과 남미 두 곳이다.

그렇지만 남미는 일본인을 무한히 수용할 수 없다. 브라질은 일본인을 환영한다고 하지만 그 진상에 정통한 자는 오늘날 이미 방인에 대한 태도가 일변하고 있다고 한다. 브라질에 있는 방인이 1만 명도 안 되는 데 이와 같다고 한다면, 남미는 10만의 일본인을 받아들이는 일은 매우 어려울 것이다. 그렇지 않아도 남미는 토지가 벽지이고 이른바 대일본주의 수행의 제1보에 즈음해서는 너무 멀리 떨어져 있다. 이에 반해 남양은 영국을 비롯하여 미국, 독일, 네덜란드 등 각국의 국기가 휘날리고 있지만 주민은 일본을 배격하는 풍조가 없고, 면적이 광대하며 인구가 희박하여 원료의 지반으로서 가장 유망하다. 게다가 시장으로서도 유망하며 이에 덧붙여 토지는 대만에서 남쪽을 향해 점점이 서로 줄지어 있어서 완전히 일본의 이웃 나라이기 때문에, 또한 방인의 이주지로서도 거의 이상에 가깝다. 중국대륙의 경영과 서로 어울려서 대일본주의의 왕도를 행할 수 있도록 이 방면으로 돌진하는 것이 가장 적절한 국가의 대방침이 되지 않으면 안 된다.

2

남진의 목소리

남진은 자연

앞에서 말해왔듯이 남양 발전은 결코 공허한 논의가 아니다. 일본의 국시를 수행하는데 피할 수 없는 도정이다. 근래 남쪽을 향한 목소리가 떠들썩하고 남진론이 번성해진 점은 축하해야 할 일이지만, 자칫하면 모종의 정치가 입에서 나왔다는 이유로 일부 인사들이 반대하는 경향이 있음은 유감이다. 무엇이던 정략을 머금고 사물을 말하는 현대에는 만주와 몽고를 외치는 일은 육군 확장과 서로 조화를 이루고, 남진론을 외치는 일은 해군 확장의 전제라고 그릇되게 전하고, 어떤 경우는 북수남진(北守南進)이라 하고, 어떤 경우는 남수북진(南守北進)이라고 하는 논의를 낳고 있음은 내가 바라는 바가 아니다. 흥아의 대목적을 품고, 대일본주의의 수행을 하려고 하는 우리나라는 조선에서 북쪽으로 가는 것도 필요하지만, 남쪽을 가리켜 남양으로 뻗어가는 일은 더욱 필요하며, 또한 자연스럽다고 생각된다. 남양과 일본의 역사적 교섭의 점에서도 지리적 관계의 점에서도 이것은 우리나라의 남진을 시인하고 장려하고 있다. 그리고 그 시기는 오늘을 제쳐두고 또 언제이겠는가.

구미열강은 19세기 후반부터 국력이 안으로 충실하여, 우선 아프리카의 분할에 힘쓰고 뒤이어 남미의 개척에 진력하고 있었기 때문에, 최근까지 남양방면으로는 크게 쇄도하지 않았다. 그렇지만 이제 세계의 지도도 축소되고 남겨진 이익도 부족하여 남아 있는 곳이 남양방면뿐인 결과, 그들이 종래에 비하여 한층 활발한 행동을 남양방면에 취할 것이라는 점은 확실한 사실이기 때문에 다대한 편의를 가지고 있는 일본인은 이 기회에 남양발전의 발걸음을 옮겨야 한다.

진무(神武)의 옛날로 돌아가다

나는 항상 말한다, 일본인이 남양에서 발전하는 일은 진무 이전의 옛날로 되돌아가는 것이라고. 야마토민족은 남양으로부터 북으로 정벌해 왔다고 어느 고고학자는 말한다. 일본인의 피가 남양인의 피를 섞고 있음은 이미 인류학자들이 승인하는 바이며, 그들 남양인의 용모, 풍속, 습관 등에 비추어보아도 그들과 우리는 서로 닮아 있는 점이 매우 많다. 예를 들면 그들의 지붕은 일본 고대의 가옥과 같으며, 그들은 치아를 염색하고 변소를 가와야[1]라고 부르고, 부인의 고시마키[2]도 동일하며 머리를 땋는 방식 등 매우 유사하다. 일본인의 자손이라고 일컬어지는 셀레베스(Celebes)섬[3]의 미나하사(Minahasa)족과 같이, 뒤에서 상술하겠지만 일본인과 비슷한 점이 매우 많다.

일본인이 남양인의 피를 받은 바가 매우 많다고 하는 점은, 결코 일본인을 모욕하는 것이 아니다. 인종학자가 주장하듯이, 다양한 피를 섞어 이를 순화하는 것이 우승 국민임은 앵글로 색슨인종의 예를 보더라도 명백하다. 그런데 남양인의 피를 받아서 이를 순화하고 있는 일본인이 아직 미개(未開) 사이에 방황하고 있는 남양인을 그대로 둘 수 있겠는가. 그들을 지도하고 개발하며, 자타의 행복을 증진하는 일은 이른바 왕도를 번이(蕃夷)에도 베푸는 일이며, 더구나 일본의 입장에서 본다면 진무 이전의 고향으로 돌아간다고 하는 유쾌한 의미를 포함하고 있다고 생각한다.

이러한 견지로부터 우리 민족의 남진은 어떤 일이든 거부할 수 없다. 하물며 구구한 정략으로 오용되고 미미한 정치가의 방침에 따라서 좌우되어야 할 일은 아니다. 세상의 선각자는 적절하게 이 자연의 사리와 형세를 유리하게 이끌고 조장해야 하며, 국민의 남진을 저해하는 듯한 행동은 당치도 않다.

남진은 필요하다. 자연이다. 절대이다.

....

1 일본어에서는 강 위에 돌출시켜 만든 「川屋」의 뜻과 모실(母屋) 옆에 세운 「側屋」의 뜻을 가지고 있는데 모두 변소의 뜻이다.
2 고시마키(腰卷き)는 옛날 여성이 여름에 고소데(小袖)의 허리에 둘렀던 예장용 의복을 가리킨다.
3 인도네시아 중부에 있는 섬인데 식민지시대까지 셀레베스섬으로 불렸지만 인도네시아 독립 후에는 술라웨시(Sulawesi)섬이라 일컬어지고 있다.

3

지리적 남양

호주·아시아의 양계통

남양의 범위는 어떠한가? 어떤 사람은 호주, 뉴질랜드, 피지뿐만 아니라, 샴, 프랑스령 인도, 하와이 등도 아울러 부르고 있다. 이렇게 광범위하게 취하면 동서 8천여 마일, 남북 5천여 마일, 그 사이에 있는 수륙의 면적은 실로 4천 3백만 평방마일이라는 광대한 영역이며, 인구 또한 8천여 만에 달하는데 영국, 프랑스, 독일, 미국, 네덜란드, 포르투갈 등의 열국에 분속(分屬)되어 있다. 그런데 보통 남양이라고 일컬어지고 있는 곳은 네덜란드령 동인도 제도(75만 평방마일), 영국령 보르네오(8만 평방마일), 영국령 뉴기니 그 외의 군도(10만 평방마일), 영국령 말레이반도(5만 평방마일), 독일령 뉴기니(10만 평방마일), 미국령 필리핀군도(13만 평방마일), 포르투갈령 제도(7천여 평방마일) 등이라는 점은 두말할 필요도 없다.

그런데 아주 오래된 옛날에는 이 남양제도의 서반부는 아시아에 육지로 연결되어 있었고, 동반부는 호주에 접속하고 있었다는 설도 있었으며, 아시아와 호주 사이에 별도로 하나의 대륙이 있었는데 이것이 함몰작용에 의해 남양군도가 되었다는 설도 있었는데 오랫동안 결정을 보지 못하였다. 그러다가 최근 과학의 진보에 의해 전자의 설, 즉 일부분이 호주와 아시아의 양 대륙에 접속하고 있었다는 사실이 명백해졌다.

즉, 자바의 동쪽에 있는 발리섬과 그 동쪽의 롬복(Lombok)섬 사이에 일선을 구획하여, 그 선을 셀레베스(Celebes) 및 필리핀의 동쪽을 따라서 연장하면 선의 서쪽에는 필리핀, 보르네오, 셀레베스, 자바, 수마트라가 있고, 이들은 아시아계에 속하는 섬이다. 동쪽에는 뉴기니, 몰루카(Moluccas)군도, 티모르, 롬복 제군도가 있는데 이들은 호주계에 속하는 섬이다.

어떻게 이러한 판단을 할 수 있을까라고 하건데 첫째 롬복섬과 발리섬은 서로 이웃하고 있음에도 불구하고 두 섬의 생물은 완전히 상이하며 그 해협은 극히 좁지만 대단한 심도(深度)를 가지고 있어서 호주의 계통과 아시아의 계통을 명확히 구획하고 있다. 그래서 이 해협은 지질학상 고고학상 모두 중요한 의미를 가지는 장소인데, 월리스선(Wallace line)[4]이라고도 일컬어지고 있다. 그리고 그 해협에서 연장된 선의 양측에 있는 서반(西半), 동반(東半)에 있는 제도의 생물이 학자들의 정밀한 연구 결과, 현저한 차이를

....

4 보르네오와 셀레베스 사이에 그어지는 동물 분포의 경계선인데 곤충류와 조류, 어패류 등의 분포에도 따라 호주구(濠洲區)와 동양구(東洋區)로 구분한다. 영국의 A.R. 월리스가 주창하였으며, 이후 T. 헉슬리가 이 이름을 붙였다.

노정하고 있음은 이 설을 유력하게 만들고 있다.

3대 구역의 특장

지질학상으로 보는 구분은 잠시 제쳐놓고 지금 다시 오스트라시아(Austrasia), 폴리네시아(Polynesia), 말레이의 3구분이 있다. 보통 잘 사용되고 있는 이 3구분은 넓은 의미의 남양을, 호주대륙이 대표하고 있는 곳(오스트라시아)과 독일령 남양 사모아, 피지군도가 대표하고 있는 곳(폴리네시아)과 네덜란드령 인도, 말레이반도가 대표하고 있는 곳(말레이)으로 명명한 것인데, 그 사이의 기후, 산물(産物) 등에서 재미있는 이동(異動)이 보이고 있으며 따라서 경제상의 가치에 대해서도 차이가 많다.

(1) 오스트라시아는 호주대륙이 대표하고 있는 곳으로 대륙적인 풍물이 있다. 호주의 내부는 사막과 초원으로 이루어져 추위와 더위의 정도가 격심하고, 무역풍의 영향도 미치고 있지만 뉴기니는 온도가 높아 열대식물의 왕이라고 일컬어지는 야자 속(屬)이 수백 종이 넘는다.

(2) 보르네시아는 망망한 대양 중에 점점이 있는 무수한 작은 도서(島嶼)로 이루어져 있으며 무역풍은 가장 넓은 구역에서 불고 있다. 이 무역풍은 이 근처를 흐르는 난류와 더불어 영향을 끼치는 일이 많으며, 사시의 기후도 변화가 적고 풍향도 단지 남북의 차이가 있을 뿐이고 우량 등도 각 섬에 거의 동일하다.

그리고 지질도 화산인가 산호초인가에 따라 산출되는 광물에 차이가 있어서 경제상의 차이도 적다. 그리고 야자류가 번성하고 인광(燐鑛)이 풍부하다. 이들 제도(諸島) 사이를 작은 배를 저어 물물교환에 종사하는 일이 가능한 점도 완전히 온화한 기상의 덕택이다.

(3) 말레이는 육지에 연결되는 말레이반도 외에 다른 섬들도 아시아에 가장 접근하고 있는 점과, 보르네오든 수마트라든 모두 일본 본토보다 큰 섬인데, 셀레베스, 자바 등의 제도도 서로 연결되어 있어서 적도 바로 아래에 위치하여 일대 분지를 형성하고 있기 때문에 폴리네시아보다는 온도가 높다. 그렇지만 오스트라시아만큼 추위와 더위의 차이가 없다. 다만 필리핀 동부해안은 커다란 조류에 씻기고 서부해안은 무역풍으로 거칠어져 있는 중국해에 면해 있는데, 특히 민다나오(Mindanao)섬 부근은 태풍의 출발지가 되어 왕왕 풍력이 강렬해지는 경우도 있어서 네덜란드령 인도 제도가 사시 온화한 것과는 다소 상위가 있다. 그렇지만 일반적으로 열대권에 속해 있어서 사시 추위와 더위의 정도가 크지 않기 때문에 이 지방은 열대산물의 대표 산지가 되었다.

이상 대체로 남양의 기후 풍토를 설명하였지만 그 부원(富源)의 상세는 다시 한 번 뒤에서 말하기로 한다.

4

역사적인 남양

우선 스페인, 포르투갈, 네덜란드, 영국의 할거(割據)

남양의 열강세력의 성쇠를 간단하게 말하면, 동방을 방문한 최초의 유럽인은 스페인 사람인 마르코 폴로(Marco Polo)[1]로 1291년의 옛날이다. 그는 중국으로부터 유럽으로 귀향하는 도중, 무역풍에 밀려 수마트라 및 그 부근에 표류한 결과 한 섬에 자바의 이름을 붙이고 다른 한 섬에 소(小) 자바라는 이름을 붙였다. 소자바는 오늘날의 수마트라이다. 그 후, 200년이 지나고 포르투갈인의 원정대는 말라카 부근에 당도하고 뒤이어 유명한 페르디난드 마젤란(Ferdinand Magellan)[2] 일행은 몰루카 군도의 탐험을 함과

----

[1] 1254-1324. 이탈리아 베네치아 공화국의 상인이며 유럽에 중앙아시아와 중국을 소개한 『동방견문록』을 저술한 모험가이기도 하였다.

[2] 1480-1521. 유럽 대항해시대 포르투갈의 항해자이자 탐험가이다. 1519년에 대서양을 건너 남미 마젤란해협을 발견하고 태평양을 거쳐 필리핀에 당도하였다. 1521년에 그는 현지 원주민과 전쟁에서 죽지만 일행은 동남아시아를 거쳐 계속 항해를 하여 1522년 귀향하였다. 이 항해를 통해 아메리카대륙은 아시아 대륙과 별도로

동시에 수마트라에도 왔다. 이 무렵부터 포르투갈인은 남양제도의 점령에 힘써서 우선 스파이스(Spice)군도를 점령하였는데 마젤란 일행이 수행한 탐험은 당시의 모험가를 자극하여 1526년에는 메네세스(Jorge de Meneses)[3]가 뉴기니를 발견하고 1565년에는 미구엘 로페스 데 레가스피(Miguel López de Legazpi)[4]가 루손(Luzon)에 상륙하였으며 그는 선교사의 응원을 얻어 6년간 필리핀군도를 정복해 버렸다. 이러한 사이에 네덜란드인은 1595년에 자바에 들어오고 연이어 수마트라, 셀레베스를 탐험한 뒤, 1602년에 동인도회사를 조직하였다. 그런데 이보다 먼저 1600년에 영국인도 또한 출현하여 일시 남양제도는 스페인, 포르투갈, 네덜란드, 영국의 쟁탈지가 되기에 이르렀다.

영국, 네덜란드 양국의 항쟁

그런데 1610년에 이르러 네덜란드인은 자바의 바타비아(Batavia)[5]에 포대를 구축하고 마침내 전 섬을 정복한 것에 반하여 포르투갈인은 이미 획득하고 있었던 영토마저 잃어버리는 상황이었다. 네

존재하며, 지구는 둥글다는 사실을 입증하였다.
3　1498-1537. 포르투갈 탐험가로서 최초로 파푸아뉴기니를 발견하였다.
4　1502-1572. 스페인 출신 멕시코 행정가로서 태평양을 횡단하여 필리핀에 도착하여 1565년에 필리핀 제도를 정복하여 초대 필리핀 총독이 되었다.
5　인도네시아 수도인 자카르타의 네덜란드 식민지시대(1619-1942)의 명칭.

덜란드는 자바에서 더욱 나아가 전에 스페인이 획득하였던 몰루카군도의 일부를 점령했을 뿐만 아니라, 1641년에는 말라카를 약취(略取)하고 1681년에는 몰루카군도의 나머지를 점령하였다. 뒤이어 셀레베스에 원정하여 포르투갈인을 몰아낸 결과, 17세기의 말엽에는 일시 패권을 장악하고 있었던 포르투갈인도 겨우 티모르의 한 작은 섬에서 숨을 죽이고 있기에 이르렀다. 오늘날도 남양의 포르투갈령은 이 한 작은 섬의 동반부이고, 서반부는 그 후 네덜란드가 침략하게 되어 그 동반부마저 무언가 트집을 잡혀 네덜란드가 기회를 노리는 곳이 되었다. 네덜란드는 이렇게 포르투갈, 스페인이 개척한 군도를 빼앗았을 뿐만 아니라 1644년에는 태즈메이니아(Tasmania), 뉴질랜드군도를 발견하고 북쪽 대만까지 침입하여 식민지를 만들었다.

영국은 17세기의 초엽에 수마트라에 사절을 파견하였는데 사절은 돌아가서 수마트라의 아체(Aceh)왕국[6]의 부력을 보고하여 영국 부인 두 명을 아체왕족과 혼인시켜야 한다고 상신하였다. 18세기의 초두 영국인 쿡 선장(Captain Cook)[7]이 나와 호주의 동쪽 부근에

---

6 인도네시아 수마트라섬의 아체 특별주에 있었던 이슬람왕국인데 16,17세기에 이 지역에서 상당한 군사력을 가지고 이슬람교와 무역의 주요한 중심지 역할을 수행하였으나 그 이후로는 서양세력의 등장과 더불어 쇠퇴하였다.

7 1728-1779. 정식 명칭은 제임스 쿡(James Cook)인데 영국의 해군사관, 해양탐험가, 해도 제작자이기도 하다. 단순한 수병으로부터 영국 해군의 함장까지 올랐으며 태평양에 3번에 걸친 항해를 수행하여 호주 동해안에 도달하고 하와이 제도를 발견하였으며 뉴질랜드의 해도를 만들기도 하였다. 세 번째 항해 당시 하와이의 원주민과 다투다 전사하였다.

수많은 도서가 있음을 발견하고 죄다 영국의 국기를 세웠다.

독일과 미국의 참가

이렇게 하여 남양의 쟁탈은 포르투갈, 스페인이 패퇴하고 네덜란드, 영국 두 나라의 무대가 되었는데, 두 나라 중에서는 네덜란드가 자바, 보르네오, 몰루카, 셀레베스 등을 점유하고 그 세력은 월등하게 영국 위에 있었다. 그런데 1780년 영국은 네덜란드가 북미의 반란을 도왔다는 점을 이유로 네덜란드에 선전포고하여 이 방면의 네덜란드령을 빼앗으려고 하였다. 뒤이어 나폴레옹 전쟁 시대에는 일시 영국에서 네덜란드령 동인도의 위임통치를 하였는데, 19세기 초 나폴레옹 전쟁 종료 후, 재차 네덜란드령으로 되돌아갔지만 영국은 네덜란드와 협상하여 그 일부인 말레이반도 및 싱가포르를 그 수중에 넣고 양국의 경쟁에 일단락을 지었다.

그 무렵부터 독일은 태평양 방면에 착안하여 최근 30년간에 뉴기니의 동북부와 그 외의 군도를 영지로 삼았다.

미국도 또한 좌시하고 있지만은 않았다. 우선 사모아, 하와이를 병합하고 미국·스페인 전쟁의 결과, 필리핀을 병탄(倂呑)하여 남양에 커다란 권위를 떨치기에 이르렀다.

중국은 일찍이 부터 남양과 교통하여 오늘날에도 중국인들이 이주하는 경우가 매우 많지만 정치상으로는 조금의 세력도 없다.

남양과 일본의 관계 또한 2백 년 전 옛날부터 밀접한 점이 있었

지만 최근에 이르러 눈을 북방에 **빼앗긴** 결과, 남양에 주목하는
자도 없고 가령 있다고 하더라도 실제로 조금도 손을 댈 수 없었
던 것이다.

오늘날의 4대 세력

이렇게 하여 현재 남양의 주요한 소유주는 네덜란드, 영국, 독
일, 미국이다. 지금 그 대략을 다음과 같이 언급하면,

네덜란드령은 자바섬, 수마트라섬, 셀레베스섬, 보르네오섬의 대
부분, 뉴기니섬의 일부, 몰루카군도.
영국령은 말레이반도, 보르네오섬의 일부, 뉴기니섬의 일부.
독일령은 뉴기니섬의 일부, 비스마르크(Bismarck) 군도, 마셜
(arshall) 군도, 마리아나(Mariana)군도, 캐롤라인(Caroline) 군도
솔로몬(Solomon) 군도 등
미국령은 필리핀 군도 [루손섬, 민다나오(Mindanao)섬 등]

5

남양의 부원

말레이와 오스트라시아

남양의 천산물(天産物)은 무슨 일이 있어도 말레이가 첫 번째이
고, 오스트라시아가 두 번째이며, 폴리네시아가 세 번째이다. 그
렇지만 경제적 발전은 오스트리시아가 가장 낮고 말레이반도가
이보다 못한 점은 오스트라시아의 인력이 말레이의 그곳보다 뛰
어나기 때문이다. 말레이는 천여(天與)의 산물이 풍족하지만 아직
크게 발전하지 못한 것은 그 대부분을 차지하는 네덜란드의 국력
이 미약하여 본국인이 오는 경우가 적고 천여의 산물을 개발할
수 없기 때문이다. 이러한 사항은 때마침 우리들 일본인이 대대적
으로 발전할 수 있음을 입증하는 것이다.

숫자로 나타내어도 오스트라시아의 대표인 호주의 인구는 겨
우 450만 명이며, 말레이는 5천만 명을 헤아린다. 즉 약 10배 이
상 많다. 그럼에도 불구하고 무역고는 재작년의 통계에 따르면
전자는 수출입 15억에 이르며 후자는 10억에 이르지 않는다. 즉

전자는 1인 평균 330여 엔의 무역력인데 비해 후자는 20엔이라서 약 16분의 1에 지나지 않는다. 이러한 식이기 때문에 일본인이 말레이의 경제적 개발에 노력한다면 천혜가 풍부한 지방이기 때문에 그 발전은 오늘날에 수십백 배가 되는 것도 불가능하지 않다. 이하 각 섬에 대해 풍부한 남양의 부원을 조금 기술해 보고 싶다.

개발 놀랄만한 자바

자바는 남양 각 섬 중에서도 가장 개방되어 섬이다. 네덜란드가 이를 영유한지 300년, 그 개발에 상당한 노력을 하였다. 전장에도 말한 것처럼 판 덴 보스(van den Bosch)의 컬쳐 시스템(Culture system)에 의해 도민을 일정한 농업에 종사시키고, 여러 종류의 산물을 본국에 수출하여 몇 억의 부를 얻은 것은 사람들이 아는 바이다.

나폴레옹 전쟁시대에 영국이 일시 네덜란드를 대신하여 이 섬을 통치한 적이 있었다. 그 당시, 나중에 싱가포르를 건설한 영국인 토머스 스탬퍼드 래플스(Thomas Stamford Bingley Raffles)[8]가 부총독으로서 부임해 왔다. 그는 오로지 정치상의 수완을 가지고 있을 뿐만 아니라, 동식물의 지식, 조예가 깊고 또한 어학의 천재

----

8 1781-1826. 영국의 식민지 행정관이자 싱가포르의 창설자인데 이 책의 뒤에서
   상세하게 기술하고 있다.

라서, 부임 후 얼마 지나지 않아 말레이어에 정통하기에 이르렀다. 그는 여러 해가 지나지 않았을 때 오늘날에 이르기까지 약 100년 동안 네덜란드 정부가 아직까지도 모범으로 하고 있는 토지정책을 설정하였다. 그리고 토인의 심리상태까지도 연구하여 통치 방침을 하나로 정립하였다. 그는 또한 오늘날에도 우리들의 오소리티로서 읽어야 하는 자바사를 편찬하였다. 이들 모든 시설은 마침 일본이 대만을 영유한 후, 고다마(兒玉)총독[9] 시대에 토지 및 구관(舊慣)의 2대조사를 하고 통치의 근본방침을 정하는 참고 재료가 된 것이다. 그렇기 때문에 자바는 래플스 부총독 시대에 백년의 근저를 구축했다고 해도 좋을 것이다.

그 후 나폴레옹 전쟁이 시작하자 자바는 재차 네덜란드의 통치 하로 돌아갔지만, 형안(炯眼)을 가진 네덜란드인은 자바의 개발이 열대 유용식물의 재배에 있음을 알고 얼마 되지 않아 오늘날 총독부의 소재지인 보이텐조르흐(Buitenzorg)에 일대 식물원을 설치하고 유용식물의 재배실험에 착수하였다. 이 식물원은 역대 계속 이어져 원장들이 열심히 지도하여 지금은 세계 제일의 열대식물 대연구소가 되었다. 만일 열대지에서 농업에 종사하여, 어떠한 토지에는 어떠한 식물이 적당한가에 대해 연구하려고 하는 자는 우선 이 식물원에 가지 않으면 안 된다. 이 식물원에 가면 광대한

----

9 1898년에서 1906년까지 대만총독이었던 고다마 겐타로(兒玉源太郎, 1852-1906)를 가리킨다. 그는 일본 육군군인이자 정치가로서 러일전쟁 당시 만주군 총참모 장으로 승리에 크게 기여하였다.

지역에 수많은 식물 시험소가 있고 견본이 있으며, 우리들 초심자의 눈에도 고심의 결과가 더구나 역력히 보인다. 커피, 키나의 재배와 같은 것, 티크림의 경영과 같은 것은 모두 이 식물원의 연구결과에 의해 확인되어 오늘날의 큰 산업이 되었다. 그렇기 때문에 오늘날에 이 식물원은 오로지 네덜란드인뿐만 아니라, 각국의 학자, 사업가의 지남차가 되어 다대한 이익을 세계에 부여하고 있다.

이렇게 근본적으로 연구하여 경영이 전진하고 있기 때문에 자바의 면적은 5만 평방마일의 미미한 구역임에도 불구하고, 인구는 3천만을 넘고 있다. 세계 중에서 인구의 밀도는 벨기에가 첫 번째이고 자바가 두 번째이다. 우리나라는 1평방마일에 대해 357명, 영국은 372명, 독일은 312명, 이탈리아는 309명인데 비해 자바는 583명라는 많은 숫자에 이르고 있다. 그리고 그 내지를 시찰하건대 당도하는 곳마다 개발이 이루어지고 교통기관의 정비는 놀라울 따름이며 경지 그 외의 정돈된 모습은 일본보다 훨씬 뛰어나다.

자바섬 내의 개간지 1천 2백만 에이커, 그 중에서 미(米)작지는 57만 에이커, 사탕 37만 에이커, 커피와 면화를 합하여 560만 에이커이다. 담배도 사탕과 마찬가지로 자바 농산물의 주요한 지위를 점하고 있다. 쌀은 토인의 상식으로 하는 바인데 이른바 라이스 테이블은 자바 여행 중, 우리들이 가장 기대하고 즐기는 음식이었다. 라이스 테이블이란 쌀에 여러 가지 향료와 물고기 및 새의 고기 등을 혼합하여 조미한 일종의 라이스 카레이다.

식인종과 극락조의 뉴기니

호주를 대륙 안에 넣으면 섬으로서는 뉴기니가 세계 제1위가 된다. 즉 보르네오의 29만 평방마일, 마다가스카르(Madagascar)의 23만 평방마일, 수마트라의 16만 평방마일에 비해, 뉴기니는 훨씬 광대한 면적을 차지하여 34만 평방마일을 헤아린다. 이 섬은 영국, 독일, 네덜란드 3국이 나누어 영유하는 곳으로, 네덜란드령이 15만 평방마일, 독일령이 9만 9천 평방마일, 영국령이 9만여 평방마일을 차지하고 인구는 이에 반해 네덜란드령 20만 명, 독일령 35만 명, 영국령 50만 명으로 구성되어 있다. 물론 명확한 경계가 있는 것은 아니다. 이 섬만큼 비밀 속에 싸여있는 나라는 세계에 그 유례를 찾아볼 수 없다. 아프리카의 콩고는 이제 유럽인들의 탐험에 의해 그 진상이 알려지고, 아프가니스탄도 외국인의 거주를 허용하지 않아 비밀 속에 쌓여 있었지만 이미 수십 년이래, 영국과 러시아의 항쟁 지역이 되어 양국의 탐험가는 앞 다투어 그 사정을 규명하는데 노력하여 오늘날에는 그 대략을 엿볼 수가 있다.

그런데, 뉴기니는 태평양의 중앙에 외따로 있어서 열강의 눈이 이곳에 미치지 않았기 때문인지, 탐험도 아직 두루 미치지 않고 내지에는 맹악(猛惡)한 식인종이 서식하고 외인의 침입을 용이하게 만들지 않기 때문에 현재도 여전히 완전하게 비밀의 나라로서 남겨져 있다.

그런데 부원은 네덜란드령이 가장 풍족하다. 그리고 항구도 좋아 말레이지방과 교통도 편리하다. 다음은 독일령인데 산악이 많으며 항구도 없다. 독일령 남양 중에서는 가장 커다란 면적을 차지하고 있는데, 근년 이 섬에서 부근의 비스마르크 군도 중 라바울(Rabaul)섬에 총독부를 옮긴 것으로도 그 가치를 판단할 수 있다. 또한 영국령은 불건강한 땅이라 말라리아가 유행하고 토지는 저습(低濕)하다.

본 섬의 산물은 향목, 진주, 금, 야자, 사고류이며, 소, 말, 양의 목축에도 적합하며, 또한 담배, 쌀, 커피 등의 재배에도 적합하다. 근래 고무 재배의 융성해짐에 따라서 이 방면에도 이를 시도하는 자가 있다.

이 섬의 산물은 이상의 여러 종류가 있지만 특히 본 섬의 이름을 유럽에 소개한 산물 중의 산물은 극락조, 즉 파라다이스 버즈(birds-of-paradise)인데 말레이어로는 보론쿠닌이라고 한다. 몸은 비둘기와 같고 깃털은 황색 또는 검은 빛을 띤 비로드(veludo)처럼, 양 날개 아래부터 수십 개의 매우 미려한 날개가 드리우며, 그 길이 1척 내지 2척에 이르고 있다. 이 섬은 뉴기니섬 이외에는 볼 수 없기 때문에, 이것을 얻으려고 하는 세계의 수렵가가 모여온다. 산 채로는 좀처럼 포획되지 않기 때문에 대다수는 박제로 수출한다.

현재 극락조의 수출액은 연 2백만 길더(guilder)에 이르고 있는데 네덜란드 정청(政廳)은 한 마리에 대해 5길더의 수출세를 부과하여 막대한 관세를 얻고 있다. 한 마리의 가격은 현지에서는 3,40엔인데 작년에는 잘 잡히지 않아 상등품이 아닌 것도 5,60엔에서 7,80

엔을 오르내렸다. 유럽의 수입처에서는 한 마리에 2,300엔의 가격을 매기는 경우가 있다. 극락조와 식인종, 이것이 이 섬의 2대 특산이다.

무진장의 부원을 가지는 보르네오

보르네오도 큰 섬이다. 면적 29만 평방마일, 우리의 내지에 조선, 대만을 합한 것보다 3만 평방마일 정도 더 크다. 이 섬의 주권은 두 개로 나뉜다. 하나는 네덜란드령, 다른 하나는 영국령이다. 그 영국령은 또한 세 가지로 나뉘는데 동북방 3만 평방마일은 영국령 북보르네오 특허회사의 소유지, 중앙은 영국의 보호령으로 브루나이라고 칭하며, 면적 겨우 4천 평방마일, 서북은 영국인을 국왕으로 하고 있는 약 4만 3천 평방마일의 사라와크(Sarawak) 국이다. 인구는 전 섬에서 약 2백만을 헤아린다.

(1) 네덜란드령 보르네오의 부원은 막대하지만 종래 네덜란드 관헌에 의해 조사된 바는 범위가 매우 좁고 또한 인구가 번식하고 있는 곳은 하천의 연안 또는 해안에 지나지 않아, 내지의 대부분은 다야크(Dayak)족 및 그 외의 야만인이 서식하는 곳이다. 이 조사는 거의 두루 미치고 있지 못하다. 동해안의 사마린다(Samarinda) 방면에서 솟아나는 석유는 저 유명한 로얄 더취(royal dutch) 석유회사의 소유와 관련되며, 수마트라섬의 석유와 합하여 이 회사가 경영

하는 곳이다. 최근 로스차일드(Rothschild)가가 후원하게 되어 그 왕성한 기세는 미국의 스탠더드(Standard) 회사와 나란히 세계시장을 양분하는 형세를 보이고 있다. 아시아 석유회사의 이름을 통해 동양방면에 공급되는 석유는 모두 이 회사가 산출하는 바인데, 선박 그 외의 연료가 석탄으로부터 일변하여 석유로 변하고 있는 오늘날, 보르네오 석유의 무진장은 이 섬의 유망함을 말하고 있다. 사마린다 옆을 흐르는 쿠치(마하카무강)대하를 거슬러 올라가면 잔잔한 강물이 기름져 보이는 것을 알아차릴 것이다. 나는 작년 군함정에 편승하여 이 방면을 시찰하였는데 그 유광(油礦)이 막대함은 경탄할 만하였다.

보르네오 전 섬을 동서로 흐르는 대하(大河) 여러 줄기, 그 중의 커다란 것은 서쪽으로 카푸아스(Kapuas) 강, 남쪽으로 바리토(Barito) 강, 동쪽으로 쿠치 강이 있는데, 모두 네덜란드령을 관류하고 있다. 이들의 대하는 네덜란드령 보르네오의 경제적 가치를 증대시키는 바가 크며, 오늘날 다소 개발된 곳도 또한 이 유역이다.

석유 외에 광산물로서는 금, 석탄, 동, 철 등이 유망하고 임산물로는 철목(鐵木, iron wood), 흑단(黑檀), 주단(朱檀), 야생 고무, 등나무, 야자 등이다. 쌀과 사탕수수의 재배도 금후 유망하다 할 수 있다.

(2) 사라와크 왕국은 영국의 보호령으로 영국인 찰스 브룩 (Charles Brooke)[10]이 이곳의 왕으로서 군림하고 있다. 브루나이도

----

10 1829-1917. 영국의 보호국인 사라와크 왕국의 제2대 왕. 초대왕인 제임스 브룩의

영국 보호 아래에 있으며 영국령 북보르네오회사의 소유지와 합하여 모두 영국의 영토로 보는 것이 지당하다.

사라와크 왕국도 브루나이 왕국도 작은 면적이지만 아직 개척해야 할 곳이 많으며, 그 산물도 다른 곳과 크게 다른 바는 없다.

마지막으로 영국령 북보르네오에 대해서는 특히 일본인을 환영하고 있는 관계상, 조금 상세하게 소개해 두고 싶다고 생각한다. 한 회사가 광대한 지역을 영유하여 국가의 조직을 이루고 있는 것은 이전에 영국령 동인도회사, 네덜란드령 동인도회사, 허드슨만 회사(Hudson's Bay Company)[11], 또는 세실 로즈(Cecil John Rhodes)[12]가 사장인 남아프리카특허회사도 있었지만 현재는 이 영국령 북보르네오회사만 남아 있다고 생각한다.

이 회사의 기원을 엿보건대, 1875년 영국인 알프레드 덴트(Alfred Dent)[13]와 오스트리아인 구스타프 오버베크(Gustav Overbeck)남작 두 모험가가 자본가의 후원을 얻어 이 땅에 건너와, 이전에 브루나이 및 술루 술탄국(Sultanate of Sulu)[14]의 두 왕을 강요하여 토지

조카이다. 제임스 브룩에 관해서는 이 책의 뒷부분에서 상세하게 다루고 있다.

11 캐나다를 중심으로 한 북미대륙에서 모피무역을 위해 1670년에 설립된 영국의 국책회사인데 현재는 본사가 캐나다에 위치한 다국적기업이다.

12 1853-1902. 영국의 식민지 정치가로 남아프리카의 광물 채굴로 막대한 부를 쌓고 식민지 수상이 되었다.

13 1844-1927. 영국의 식민지 사업가이자 상인으로 북보르네오회사의 공동 창설자 중 한 명이다.

14 필리핀 제도와 보르네오섬 사이로 이어지는 술루 제도에 이전에 존재하였던 나라로 이슬람교 왕국이다. 15세기에 성립하여 아라비아어를 공용어로 하였으며 중국과 동남아시아, 나아가 서아시아를 연결하는 해상무역의 중추적 역할을 담당하였다.

를 얻은 미국인의 권리를 계승하고 나아가 그 판도를 확장하여 런던에 알프레드 덴트 회사를 일으켜 산다칸(Sandakan) 외 두세 곳의 지방에 지점을 설치하고 사업을 시작하였다. 이 사업은 현저하게 세상 사람들의 동정을 얻었지만 지금부터 겨우 33년 전, 즉 1881년에 성립시킨 영국령 북보르네오특허회사가 이 회사의 권리를 계승하여 비로소 조직이 있는 통치기관을 만들었다. 이 특허회사가 영국의 보호령으로서 정식으로 선언을 받은 것은 그 후 1888년의 일이다. 특허조약은 여러 항으로 나뉘는데 주지사는 런던의 본사 중역의 결의를 거쳐 정부의 승인을 받은 후 임명된다. 그리고 사법, 행정, 군사의 3권을 가진다. 행정의 각 구에는 영국인의 이사관을 두고, 토목, 위생, 재판소, 경찰, 철도 등 모든 기관은 영국인의 손으로 운영되며, 순연한 국가를 이루고 있다. 영국과의 관계는 보호령이라는 점에서 내정에는 간섭하지 않지만 외국과의 관계는 모두 영국정부의 처리에 속하며 이 회사의 토지는 영국정부의 승낙 없이 제3국의 신민 또는 정부에 양도하는 것은 불가능하다. 그렇기 때문에 영국의 영토와 조금도 다를 바가 없다. 현재의 사장 릿지웨이, 중역 중 한 명인 타루너 두 사람은 작년 우리나라에 건너와 북보르네오 무진장의 임업을 개발하기 위해 우리 정부와 교섭하여 임학자를 초빙하기로 한 결과, 올해 정월에 농상무성 임무관(林務官) 고토(後藤) 임학사가 부임하였다.

북 보르네오의 산물은 담배를 주로 하며 코코야자, 쌀, 낙화생(落花生), 사탕수수, 쪽 등이 유망하다. 또한 담배는 수마트라에 뒤이어 재배가 왕성하며 크고 작은 회사도 20개 정도가 있다. 고무사업은 말레이반도보다 더욱 적당한 듯하며, 오늘까지의 투자이미 2천만 엔에 이르며, 이식 면적 2만 5천 에이커를 헤아리고 재배지의 수도 20곳 이상이다. 나는 고무 사업자의 한 사람으로서 이 지방의 이 사업에 상당한 주의를 기울여 북보르네오 각 재배지 총감독으로서 이 사업의 권위자인 코르펫타씨와 제셀튼 이사관 두 분의 안내를 받아 각지를 시찰하였는데 발육이 양호한 것은 2년 반이 지나 이미 지상 3피트, 주위 1척 5촌에 달하며 식목후 3년 반이 지나면 채취하는 게 보통이라는, 놀라울 만한 양호한 성적을 목격하였다.

또한 목재는 중요 수출품인데 철목, 흑단 그 외에 단단하고 부서지지 않는 목재 약 17,8종을 헤아리며, 산다칸 및 그 외의 지역에서 왕성하게 재목을 만들어 홍콩, 싱가포르에서 멀리는 영국본국, 그 외 호주, 남아프리카 방면에까지 수출하고 있다. 이 목재무역에 종사하는 자로는 영국령 보르네오무역회사와 중국 보르네오무역회사가 대규모로 취급하고 있다.

또한 저 염료 커치는 연안 도처에 번성하는 맹그로브(mangrove)라는 나무 껍질에 포함되어 있는 즙액을 바짝 졸인 것인데 일본에도 많이 수입되고 있다. 장뇌(樟腦) 또한 많이 산출하며, 중국요리의 귀중재료인 제비집의 산출도 유명하다. 광물로는 사금(砂金), 망간 등이 있다.

그리고 영국령 북보르네오가 특히 일본인을 환영한다는 사실이다.

예컨대, 일본인 농민의 이주에 대해서는 정부로부터 가족마다

10에이커 및 가옥, 농구를 관급(官給)하는 조직이 되어 있으며 일찍이 주지사로부터 우리의 나가사키현(長崎縣)지사에게 이민파견 방식의 교섭까지 해온 적이 있다.

대체로 북보르네오는 세계의 중앙에서 떨어져 있기 때문에 일본인이 이 지방에 유람하는 자가 적고, 국민들이 이 지역에 대한 지식도 극히 적지만 나는 장래 우리 국민이 일대 발전을 이루어야 하는 곳이라고 생각한다.

미개 그대로의 수마트라

수마트라의 면적 16만 평방마일, 인구 2백만, 물자가 풍부한 점은 보르네오에도 뒤떨어지지 않지만 보르네오와 마찬가지로 대부분은 미개 그대로 방기되어 있다.

본 섬의 북부 아체(Aceh)와 같은 곳은 네덜란드 영유 이래 항상 반란이 끊이지 않아서 이로 인해 네덜란드 정부는 수십 년의 세월과 수억의 돈을 투자하여 작금 가까스로 평정을 되찾은 듯한데, 그래도 여전히 5천의 육군을 주둔시켜 경계를 게을리 하지 않는다. 네덜란드령 인도 정청(政廳)이 자바로부터 얻은 수입의 다수는 아체족의 정벌에 투자해 왔다. 나는 작년 몰루카군도의 암보이나(Amboyna)항에서 반란을 일으킨 아체족 촌장이 유형에 처해지는 것을 접하고, 수마트라 내부가 여전히 평화를 지속할 수 없음을 알았다.

정청은 이렇게 토만(討蠻)사업에 쫓기고 있기 때문에 산업에 힘을 쏟는 데 이르지 못하고 있다. 4천만 엔을 투자하여 동서 양안을 연결하는 3백여 마일의 철도를 부설하고 3백만 엔을 투자하여 한 석탄광을 열어 채취하고 있는 것이 정부사업으로서 주요한 것들이다. 철로는 대소 합하여 5천 마일에 지나지 않고, 내지의 교통은 수로를 따라서 이루어질 수밖에 없다.

그렇지만 영국인, 미국인은 최근 수만 에이커의 토지를 조차하여 고무사업에 착수하기 시작하였다. 담배의 산출이 크고, 석유사업이 대규모라는 점은 이미 세상에 널리 알려진 바이며, 그 외에 종래의 농산물로서는 커피도 적지 않다. 영국, 네덜란드 양국 사람들은 이미 2억만 엔을 담배와 석유에 투자하고 있다.

야자업이 유망한 셀레베스

셀레베스는 보르네오에 비하면 훨씬 작다. 면적 7만 6천 평방 마일, 인구 85만이라고 하고 혹자는 백 수십만이라고도 하는데 명확하지는 않다. 이 섬은 극히 이상한 형상을 하고 있어서 외국인은 '새우 모양'이라고 이름 붙였다. 그만큼 해안선이 길다. 산의 높이는 1만 척에 이르며, 비교적 강이 적다. 기후와 풍토가 좋고 건강한 지역이라고 여겨지고 있다.

북부 미나하사와 남부 마카사르(Makassar)의 양끝이 조금 개발되어 있지만 중앙부는 이 또한 미개발지이다. 산물로서는 야자,

커피, 등나무, 다말 등, 모두 다른 섬이 미치지 못하는 바이며 특히 야자의 산출액은 1년에 5백만 엔 이상에 이르며, 커피의 맛은 네덜란드령 인도 중에서 제1위를 점하고 있다.

근래 남양의 사업은 고무 외에 야자도 상당히 떠들썩하게 이야기되고 있지만 아직 1천 에이커 이상의 야자농장은 적지만 이 셀레베스에는 왕왕 그 이상의 대야자농장을 볼 수 있다. 마카사르 방면에서도 그렇지만 특히 미나하사 방면에서는 몰루카 무역회사가 경영에 관계하고 있는 곳 등 실로 수천 에이커에 미치는 야자농장이 있다.

금의 산출액도 적지 않다. 토토크 금광회사는 다량의 금을 산출하고 있다. 해산물로는 수돌패, 우무의 원료, 진주, 거북의 등딱지, 그 외 어족도 풍부하다. 흑단은 또한 이 섬의 저명한 산물이다.

향료로 이름 높은 몰루카군도

몰루카군도는 일명 스파이스 아일랜드, 즉 향료군도라고도 일컬어진다. 자바, 셀레베스, 뉴기니 3대섬 사이에 산재하는 무수한 섬으로 구성되어 있다. 화산계의 토지로 바다 바람이 많기 때문에 비교적 시원하다.

이 군도는 가장 오래 전부터 유럽인에게 그 이름이 알려졌다. 그 이름처럼 향료는 이 군도의 특산물로, 이것의 채취는 가장 빠르게 유럽인을 매료하였던 것이다. 즉 실론(Ceylon)의 계피, 중국의 생강과 더불어서, 육두구(肉豆蔲), 정향나무, 후추 종류는 이 섬을 14,5세기 옛날에 유럽에 소개하여 향료를 얻으려고 하는 유럽인들이 탐험하는 곳이 되었다. 그 특필해야 할 바는 저 유명한 마젤란이었다. 그가 향료군도에 온 것은 1512년이라고 생각한다. 그는 불행하게도 루손섬에서 만인(蠻人)의 독수(毒手)로 쓰러졌지만 당시 무사히 다시 귀국할 수 있었다면, 오로지 콜럼버스로 하여금 그 이름을 제멋대로 만들지 않았을 것이다.

이렇게 옛날부터 이름이 높았던 향료군도의 향료도 네덜란드인들의 채취가 격심하고 특히 근년에는 아프리카의 마다카스카르에서 향료식물을 많이 재배하기에 이르렀기 때문에 이 군도의 향료도 점차 쇠퇴하여 그 섬의 명성에 따르지 않게 된 것은 유감이다.

쌀과 삼과 사탕의 필리핀군도

필리핀은 대만의 바로 남쪽에 위치하여 면적 약 13만 평방마일, 일본의 내지보다는 작지만 인구는 남양제도 중 자바를 제외하면 가장 밀집되어 있어서 7백만을 헤아린다. 스페인 시대는 겨우 루손 한 섬이 평화로웠을 뿐이고, 민다나오(Mindanao), 술루(Sulu) 방면은 전쟁이 끊임이 없었으며, 1897년에 미국령으로 귀속되고 나서도 여전히 내란의 우려가 완전히 사라졌다고 할 수 없기 때문에, 남반은 군정을 펴고 있다.

그렇지만 미국령이 된 이래, 산업은 점차 발달하여 근래에 무역액도 증가하였다. 1년의 무역량을 보건데 수입 2억만 페소, 수출 1억 3,4천만 페소라고 하는 숫자를 보이고 있다. 주요한 산물은 마닐라 삼, 담배이며, 사탕, 코코아 등이 이 다음이고 수입품으로서 외국에 의존하고 있는 하물은 쌀, 솜, 맥분, 철 등이다.

필리핀의 산업에 대해 일본인들이 가장 주의해야 할 것은 쌀과 사탕이다. 필리핀의 토인들은 미식(米食)을 하고 있는데, 이것들은 프랑스령 인도로부터 수입하는데 그 액수는 2천만 엔에 이르고 있다. 안남미(安南米)가 등귀하면 인민들에게 곤란함을 초래하기 때문에 정부는 여러 가지 법률을 설정하여 저가로 불하하는 방법을 취하고 있으며, 한편으로는 옥수수, 좁쌀을 상식으로 하는 관습의 양성에 노력하고 있다. 이와 동시에 쌀 경작지의 개척에 힘쓰고 있다. 쌀 경작지의 개척은 일본인들이 가장 잘하는 바이기 때문에 만약 일본인들이 가서 미작(米作)에 종사한다면, 상호의 이익이 될 것이다. 사탕도 같은 상태이기 때문에 대만 사탕의 개척이 이미 정점에 달한 것에 실망한 방인들은 필리핀의 사탕 사업에 종사해야 한다.

필리핀에서는 중국인의 이주를 금지하고 있지만 일본인은 배척하지 않는다. 현재 일본인 노동자는 정문인 마닐라로부터가 아니라 뒷문으로 들어간다. 즉 홍콩에서 북보르네오의 산다칸(Sandakan)에 도착하여 이곳의 미국 영사의 보증을 얻어 술루군도에 상륙하여 그곳에서 잠보앙가(Zamboanga), 마닐라 방면으로 이입한다. 술루군도의 도읍지인 술루는 서양인이 호로라고 부르고 있는 진주(眞珠) 채집의 땅인데, 여기에서는 성공한 일본인들도 적지 않다. 나는 작년 이 군도의 최남단인 타위타위(Tawi-Tawi)섬에 항해했을 때, 한 명의 일본인과 만나 그 부근의 작은 섬에도 수십 명의 방인들이 벌목사업에 노역하고 있음을 들었다.

고무사업 왕성의 말레이반도

말레이반도는 현재 내 사업의 근거지이기 때문에 이에 관한 지식도 다소 깊은 편인데, 동시에 이 방면의 사정은 세상에 자주 소개되고 있기 때문에 간략하게 말하기로 한다. 이 반도는 면적이 겨우 5만 평방마일이고 인구는 2백만이다. 정치상으로 아래의 세 군데로 구획되어 있다. 싱가포르, 페낭(Penang), 말라카, 웨슬레, 딘딩(Dinding) 등은 이른바 해협식민지라고 하여 영국의 왕령 식민지이다. 페라크(Perak), 셀랑고르(Selangor), 네그리 셈빌란(Negeri Sembilan) 및 파항(Pahang)의 4주는 말레이 연방주라고 한다. 이 외에 왕령식민지도 연방주도 아닌 이른바 보호령이 있어서, 그것은 조호르(Johor), 케다(Kedah), 켈란탄(Kelantan), 토레가노, 페를리스(Perlis) 등으로 나뉘어있다. 연방주는 각주에 이사관이 있으며 쿠알라룸푸르(Kuala Lumpur)에 통감이 있어서 실제의 정치를 총괄하고 있다. 보호령은 각주의 고문관을 두고, 연방주와 마찬가지로 해협식민지 총독의 통치를 받고 있다. 이와 같은 정치상의 구분은 전래의 역사와 관습에 따라 차이를 초래하고 있지만 실제는 전부 영국령의 식민지임은 두말할 필요가 없다.

말레이반도는 주석의 생산을 으뜸으로 하는데 1년의 생산액은 1억 엔에 이르러 세계 제일의 주석 산지이다. 그 외에 커피, 야자, 간비야, 페이버 등의 열대식물도 막대한데, 근래 말레이반도 번영의 토대가 된 것은 고무사업이다. 고무는 이미 연액 1억 엔 이상에 달하는데, 더구나 매년 급증하고 있다. 이와 같이 여러 가지 성대한 사업이 있기 때문에 5만 평방마일의 면적, 2백만의 인구이면서도 수출액은 3억 3천만 엔, 수입은 4억 6천만 엔, 합계 8억 엔 이상에 이르고 있다.

인광(燐鑛)으로 충당하는 독일령 남양

독일이 태평양에 착안한 것은 겨우 30년 전의 새로운 사실인데 금세 독일령 뉴기니, 비스마르크, 마셜, 솔로몬, 캐롤라인, 마리아나 등의 여러 군도를 점령하고 열국의 이목을 깜짝 놀라게 만들었다. 독일령 뉴기니는 일명 카이저 빌헬름 랜드(Kaiser Wilhelm land)라고 불리는데, 부근의 롱(Long)섬, 댐피어(Dampier)섬을 합하여 면적 7만 평방마일, 인구는 10만에 지나지 않는다. 그것도 주로 식인종인 파푸아족이며 백인은 채 백 명이 되지 않을 뿐이다. 담배, 커피, 코브라, 우마(牛馬), 염소를 산물로 한다.

그 외의 제 군도에 대해 하나하나 상술하지는 않지만 이들 독일령 남양의 산물로서는 주로 인광석 아니면 야자이다. 인광석은 군도 각지에 산재하며 영국, 독일 각국의 회사가 그 채굴에 종사하고 있다. 서캐롤라인군도의 주도(土島)인 팔라우의 인광은 독일 브레멘에 본사를 두고 4백 5십만 마르크의 자본을 가지는 남양인광회사가 채굴하는 곳이다. 또한 키우르섬은 인접한 영국령 오세안섬과 더불어 인광이 매우 풍부하고 주위 12마일인데 이 작은 섬은 하나의 큰 인광석괴라고 해도 좋다. 런던에서 성립한 태평양인광회사가 250만 엔의 자본으로 종사하고 있다.

6

남양의 토인과 회회교

맹악(猛惡)한 식인종

남양에 사는 토인의 인종구별은 학자의 설에 따라 여전히 통일성이 부족하며 연구도 불완전하기 때문에 더욱 새로운 사실을 발견할 수도 있을 것이다. 지금 진화적으로 가장 야만스런 토인으로부터 반개(半開)의 토인에 이르기까지 그들의 정황을 조금 기술해본다.

식인종이라고 일컬어지는 야만인은, 아시아 쪽에 있는 자와 호주 쪽에 있는 자로 자연히 구별된다. 전자는 피부가 검고, 모발이 쪼글쪼글하며 입술이 넓고 코가 낮은 것이 특징이다. 그리고 흑인보다 신체가 조금 작다. 이를 일반적으로 니그리토(Negrito)라고 부르고 있다. 후자는 키가 크고 머리카락이 현저하게 꼽슬꼽슬하며 코는 백인과 닮아 뾰족하다. 이는 파푸아족이라고 불리고 있다.

니그리토족은 현재 필리핀의 일부, 말레이반도, 안다만(Andaman) 군도에 서식하며, 파푸아족은 식인종의 본거인 뉴기니를 주요 거점지로 하여, 동쪽은 피지군도, 남쪽은 뉴칼레도니아(Nouvelle-Calédonie)에 까지 걸쳐있다. 이 종족은 아마 야만인 중의 야만인인데 해안과 산중에서는 다소의 차이가 있다. 머리카락이 꼽슬꼽슬한 점, 코에 구멍을 뚫고 짐승 뼈 또는 나무 가죽을 관통하여 장식으로 삼고 있음은 모두 마찬가지이지만 해안에 사는 남녀는 파초껍질과 같은 것으로 허리부분을 감싸고 있는 데 반해, 산중에 있는 자는 완전한 나체인데 조금도 부끄러워하는 일은 없다.

먹을거리는 동포의 살이라도 이를 먹는다. 그 외에 뱀이든 주머니쥐든 개든 고양이든 닥치는 대로 육식한다. 그들 야만인들이 자연에 적합함은 놀라울 따름이며, 신체의 구조까지 다른 것 같아 무엇을 먹어도 식상(食傷)하는 일은 없다.

그들의 기습(奇習)은 여자가 6,7세가 되면, 5년간을 새장과 같은 작은 오두막집에 유폐한다. 그리고 매일 한번 바깥공기를 접하게 한다. 소녀는 유폐되어도 건강에 별로 영향을 끼치지 않는다고 한다. 더욱 진기하게도 인간은 죽는 것이 아니다, 죽는다면 누군가가 마법을 사용하여 살해한 것이라고 생각하여 그 하수인을 찾아 돌아다니며 하수인이 불명이면 사자의 시체를 태워 검게 탄 육편에 기름을 발라 먹는다. 만약에 토하는 자가 있다면 그 자가 살해자라고 하는 미신이 행해지고 있다. 이 인종의 개발을 위해 용감한 기독교 선교사도 그 효과가 나지 않음을 실망하고 있다.

식인종 외에 야만인으로서는 코카서스 인종, 즉 백인종도 아시아의 동남부에서 대서양에 침입하여 우선 사모아에 근거를 만들고, 소시에테(Societe), 샌드위치(Sandwich), 그 외의 제도(諸島)로 이주하여 뉴질랜드에도 퍼져 있다. 이들 원시적 백인의 유적은 지금도 여전히 태평양의 동방에 산재하는 군도에서 발견된다.

그리고 나중에 몽고인이 타타르(Tatar)에서 일어나 인도, 중국 방면으로 발전하자, 여기에 코카서스인과 몽고인의 혼혈종을 낳고 이들 인종은 보르네오와 수마트라의 2대 섬에 만연하고 더욱 나아가 야만인인 니그리토와 혼혈한 형태가 있다. 보르네오의 다약(Dayak)족, 수마트라의 바타크(Batak)족, 필리핀의 이고롯(Igorot) 등의 야만족은 곧 이에 해당하는데, 대만의 생번(生蕃)과 동일 인종에 속하며 무종교로서 오늘날에도 야만의 상태를 벗어나지 못하였다.

남양의 주인공 말레이족

남양의 주인공인 말레이족은 처음에 말레이반도에서 수마트라로 옮겨, 자바에 원정을 시도하였다. 그리고 5세기경 회회교(回回敎)의 박해를 받은 불교도가 인도방면에서 수마트라의 서안(西岸) 및 자바로 이주하여 두 인종의 혼혈을 초래하였다. 그런데 나중에 수세기를 경과하여 3파로 갈라졌다. 제1파는 반개의 유목민족이 되어 말레이반도 및 수마트라에 살며 아체(Aceh)족, 바스마족, 미낭카바우(Minangkabau)족 등으로 이루어져 있다. 제2파는 해적이 되어 배회하며 셀레베스의 부기스(Bugis)족, 보르네오의 바지우스족 등으로 이루어져 있다. 제3파는 가장 개화한 자바인인데, 인도

인이 가져온 종교, 문물을 소화하여 수마트라에서는 팔렘방(Palembang)
왕국, 자바에서는 마타람(Mataram)왕국을 창건하였다. 현재 남아
있는 자바의 조그자(Yogya), 솔로(Solo)의 두 왕국은 이 마타람왕국
의 후예이다. 오늘날 자바, 수마트라방면에 산재하는 장려(壯麗)한
전당은 이들 민족이 인도의 문물과 종교의 영향을 받고 만든 것들
이다. 불교가 쇠퇴한 후에 이들 민족 사이에는 회회교가 세력을
얻어왔다. 이들 회회교가 말레이인의 간단한 성격에 적합하기 때
문이며, 오늘날에는 마카사르(Makassar)의 북부 미나하사주, 몰루
카군도의 암보이나(Amboyna) 방면에서 약간의 기독교가 있을 뿐이
고 남양인종의 신앙은 모두 회회교이다.

회회교의 세력

회회교는 두말할 필요 없이 발생지인 아라비아를 비롯하여 터
키, 모로코, 알제리, 튀니지, 이집트 등의 아프리카 북안(北岸)에
서 사하라 대사막 지방에 깊게 퍼져있고 동쪽은 러시아, 페르시
아, 아프가니스탄, 인도, 말레이, 네덜란드령 인도, 필리핀의 민
다나오섬, 프랑스령 안남, 중국의 운남(雲南), 광동(廣東), 섬서(陝
西), 감숙(甘肅), 동부 3성, 여러 성에 미치는데 신도 숫자는 실로
2억 5천만에 이르고 있다. 불교 및 기독교도에 비하면 신도의 숫
자는 적지만 신앙의 정도는 훨씬 강렬하다. 그렇기 때문에 남양에
서 발전하려고 하는 국민들은 토인들의 이러한 신앙을 존중하고

이용하지 않으면 안 된다.

남양의 회회교는 이를 터키, 이집트 방면의 그것과 비교하면, 그 계율이 엄중하지 않고, 술도 마시며 그 외에 다양한 종류의 금제를 범하는 자기 있지만, 대체로 코란 성전에 따라 1일 5회의 기도를 하고 매주 금요일에는 일당에 모여 장시간의 배례를 올린다. 또한 단식과 같은 것도 힘써 행하고 있다.

회회교도들의 일생일대의 희망은 반드시 아라비아의 메카 및 메디나(Medina)에 참배하고 교조인 마호메트의 순례지를 우러러 뵙고 시나이산에 올라 신에게 감사의 뜻을 바치는 데 있다. 이를 위해 매년 싱가포르를 거쳐 남양에서 아라비아로 향하는 자는 12,3만 명에 이른다. 그들의 태반은 배 안에서 다른 교도, 특히 기독교도가 조미한 음식을 먹지 않는다. 어떤 경우에는 더위와 여행의 곤란함 때문에 사망하는 자도 적지 않지만 조금도 후회하는 일은 없다. 도리어 천국에 갈 수 있는 자로서 편안히 명목을 빈다. 다행히 무사히 귀향하는 자는 이른바 금의환향하는 것이기 때문에 승려 즉 '하지'의 칭호를 받고 하얀 모자를 쓰고 고향의 자랑이라는 자격을 얻는다.

이들 매년 12,3만에 이르는 순례자들은 블루 펀늘(Blue Funnel) 기선회사의 독점이었는데, 올해에 들어와 우리의 남만기선회사(南滿汽船會社) 및 심천기선부(深川汽船部)가 각 수척의 기선을 대어, 싱가포르와 홍해의 젯다(Jeddah) 사이에 항해를 개시하여 이익을 얻고 있음은 남양의 토인들이 일본인에게 호감정을 가짐을 이용한 일사업이다.

7

중국인의 남양

네덜란드 관헌의 중국인 배척

중국은 남양에 조금의 영토를 가지고 있지 않지만 어떤 의미에서 남양은 중국인의 남양이다. 정치상으로는 물론 말할 것도 없지만, 경제상 중국인의 세력은 남양으로 하여금 거의 중국인 나라로 만들고 있다.

중국은 옛날부터 남양과 깊은 관계가 있으며, 원(元) 시대에 자바를 정벌하고 명(明) 시대에 사절을 파견하여 자바를 안무(按撫)한 적이 있다. 그리고 중국인의 이주는 당시부터 행하여졌다. 자바가 네덜란드의 영토로 귀착한 이래, 관헌은 중국인에게 큰 압박을 가해 이들을 내쫓으려고 노력하였지만, 뜻을 이룰 수는 없었다. 그래서 그해에는 다양한 배척법을 제정하였다. 예를 들면, 백인보다 2배 강한 재산세를 부과하고, 자제들이 학교에 들어가는 것을 금지하였으며 내지를 여행하기 위해서는 그 지방 마다 별도의 여행 면허장을 받지 않으면 안 되었다. 기차와 기선의 일등석에 타는 것이 거부되고 거주는 일정한 구역으로 정해졌으며 토인들 순사의 감독을 받고 토인 재판소의 관할에 복종하게 만드는 등, 모든 수단을 강구하였다. 그렇지만 도저히 중국인의 침입을 막을 수 없었으며 자바에서만 현재 6,7십만의 중국인이 있다. 그리고 어떤 자는 지주가 되고, 또 어떤 자는 자본주가 되어 사탕, 커피, 담배, 쌀, 키나, 티크나무 등의 재배사업에 투자하는 자도 많아, 이미 50만, 백만의 부를 만든 자도 드물지 않다.

자바 세마랑(Semarang)의 건축 자금은 남양 제일의 중국 부호로 11개의 사탕회사를 가지고, 10수척의 기선으로 항운(航運)에 종사하며 런던에 지점을 설치하여 은행을 두었을 뿐만 아니라, 그 영국인 여자를 아들의 배우자로 받아들였다. 수천만의 부를 쌓아 거대한 세력을 부식하고는 것이다. 그 외에 안(顏), 곽(郭) 등 제씨도 또한 수백만의 부호이다. 특히 곽씨는 대만에 적을 두고 있는 자로, 욕야카르타(Yogyakarta)의 중국인 상업회의소 회장도 역임하고 이자 또한 상당한 유력가이다. 그 외에도 도처에 그 부(富)가 왕공(王公)에 견줄 수 있는 자가 드물지 않다.

경제상·정치상의 대세력

부호가 아닌 일반 중국인들도 경제상으로 가지고 있는 세력은 대단하다. 정치상의 권력이 없는 그들은 중국 본국의 혁명 이래, 도처에서 축하(祝賀)라고 칭하며 시위운동을 개시하여, 수라바야(Surabaya)

에서는 네덜란드 경관과 충돌해 사상자마저 생기기에 이르렀기 때문에 중국인과 네덜란드 관헌이 반목하였다. 그러자 중국인은 가장 자신 있는 불매동맹을 기도했고, 이로 인해 자바 관리는 식량의 결핍을 초래하여 극히 곤란해지기에 이르렀기 때문에 드디어 중국인에게 죄를 사과하여 최후의 승리는 중국인들이 차지하였다.

네덜란드 관헌은 이들 추세를 감안하여 중국인의 대우를 점차 관대하게 하여 주요한 도시의 시정에 참여시킴과 더불어 중국인 학교의 설립을 허락하고 배와 차도 일등실에 들어가는 것을 묵인하고 내지 여행을 관대하게 하여 중국인의 환심을 샀으며, 가능한 한 그들로 하여금 네덜란드에 귀화시켜 평화를 유지하는 데 애쓰고 있는 경향이 있다.

이상은 자바에 있는 중국인의 사정이지만, 싱가포르를 중심으로 하여 말레이반도에 있는 중국인의 세력도 대단하다. 싱가포르의 인구 36만 중, 중국인은 20여만을 헤아린다. 또한 반도의 내부에 있는 중국인은 50만에 이른다고 한다. 이들 중국인은 원래 노동자의 계통에 속하여 맨몸으로 자기의 운명을 개척해 왔지만 이전 그들의 고향은 권리사상이 풍부한 광동(廣東), 복건(福建)이다. 이와 같은 중국인이 자유사상의 영국령에서 생활하여 수대를 거쳤기 때문에, 상하존비의 구별 없이 동등한 관념을 가지고 사람을 접하고, 관리도 인민도 주인도 도제도 동등한 말투와 태도를 보이며 오로지 좋아하는 바는 정치론이다.

이 위에, 경제력이 풍부하기 때문에 보황당(保皇黨)의 강유위(康有爲)[1]도 혁명당(革命黨)의 손일선(孫逸仙)[2]도 모두 근거지를 여기에 만들고 있다. 이러한 의미에서 경제적 대세력인 싱가포르의 중국인은 본국에 대해서는 또한 정치적 대세력을 이루고 있다고 할 수 있다.

조금 방향을 달리하지만 안남(安南)³의 중국인도 매우 많고 샴에는 3백만의 중국인이 있어서 이 또한 중국인의 나라인 형세이다. 중국인의 세력이 이와 같기 때문에 어느 나라 사람들도 남양에서 일을 이루려고 하는 자는 중국인의 힘을 빌려 이를 이용하지 않을 수 없다. 상업을 하려고 하면 중국인을 상대로 하는 게 좋다. 농림사업에 종사하는 자는 나태한 남양 토인이나 지식이 저급한 인도인보다 중국인을 선택하는 것이 좋다. 특히 개간, 채목 등의 어려운 사업에는 중국인의 노력(勞力)을 이용하는 것이 상책이다. 그런데 오늘날에는 중일 양국 사람의 관계가 완전히 아무런 관계가 없음은 매우 유감스런 바이다.

....

1 1858-1927. 중국의 학자이자 정치가. 1897년 입헌군주제를 국시로 삼도록 하는 무술변법(戊戌變法) 상서를 올려 인정받았으나 개혁이 과도하게 급격하여 서태후를 비롯한 보수파의 쿠데타로 3개월 만에 진압되었다. 그래서 강유위는 일본으로 망명하고, 이후 세계 여러 곳을 순회하여 입헌군주제 실현을 위해 보황회(保皇會) 설립에 노력하였다.

2 1866-1925. 중국의 혁명적 민주주의자인 손문의 자(字)이다. 1894년 흥중회(興中會)를 만들어 반청 혁명을 목표로 하였으며, 1905년에 중국혁명동맹회(中國革命同盟會)를 설립하여 1911년 신해혁명(辛亥革命)의 중심인물이 되어 다음해 중화민국의 대통령에 취임하였다. 그러나 원세개(袁世凱)에게 자리를 양보하고 여러 번 일본 등에서 망명생활을 하였다.

3 679년 중국이 하노이에 '안남도호부(安南都護府)'를 설치한데서 중국은 베트남지역을 안남이라고 불렀다. 이후 중국의 세력에서 벗어난 베트남은 대구월(大瞿越)이나 대월(大越), 대남(大南) 등의 명칭을 사용했지만 중국인들은 계속하여 안남이라는 명칭을 사용하였다.

8

남양의 일본인

일본인의 분포

현재 남양의 방인은 물론 정확하게는 알 수 없지만 필리핀에
6천명, 말레이반도에 6천명, 네덜란드령 인도에 4천명, 그 외를
합하여 약 2만 명에 이르지 않을까. 그렇다고는 하지만 영사관의
보고는 이 숫자보다 적지만, 최근 2, 3년간에 신도항자의 숫자는
놀랄 만하며 사실 영사관의 조사보다 훨씬 많다.

필리핀에서는 마닐라 지역을 주로 하며, 삼보앙가(Zamboanga)
에도 다수의 방인이 있다. 민다나오의 광산에 취역하는 노동자도
적지 않으며 술루군도의 진주 채취에 종사하는 자도 있고 그 중에
는 상당히 성공한 자도 있다.

방향을 바꾸어 네덜란드령 인도의 일본인을 보건데, 도보(Dobo)
섬의 5백 명을 첫 번째로 하는데, 일집단으로서 수는 많지만 이들
은 진주 채취업자로 일본인으로서의 세력은 없다. 또한 자바에서

뿐만 아니라 네덜란드령 인도의 거대 상항(商港)인 수라바야는 이 방면의 일본인 발전의 중심지로서 부근을 합하여 약 4백 명에 달한다. 세마랑(Semarang)에는 부근을 합해 백 20명의 방인이 있고 바타비아에는 영사관이 있어서 부근을 합해 약 2백 명, 셀레베스의 마카사르에는 60명, 몰루카군도의 암보이나에는 80명, 테르나테(Ternate) 부근에는 100명, 보르네오의 폰티아낙(Pontianak) 부근에도 100명, 발릭파판(Balikpapan)에 60명, 수마트라는 북부 메단(Medan)지방이 가장 많고 그 부근에 400명, 중부 쿠타라자(Kutaraja) 부근에 200명, 중부 수마트라에 150명, 사방(Sabang) 부근에 100명, 그 외 여러 지방에 수십 명씩의 재류자가 있다. 이상의 계산에 따르면 자바에 1,200명, 수마트라에 1,100명, 보르네오에 300명, 몰루카군도에 700명, 셀레베스에 100명 등이고 그 외를 합하여 네덜란드령 인도의 일본인은 모두 4,000명 정도가 된다.

그렇지만 뭐라 하더라도 남양의 일본인 중심 집단은 지형상으로 말하더라도 사람 숫자로 말하더라도 싱가포르이며 이곳의 일본인은 부근의 조호르(Johor)주의 고무재배 사업자와 합하여 3,000명에 이르고 있다.

소설 이상으로 화제가 풍부한 낭자군(娘子軍)

이들 남양의 일본인은 그 선발대가 이른바 시마바라(島原)[1], 아마쿠사(天草)[2]의 낭자군이었음은 사람들이 숙지하는 바이다. 낭자군의 상황은 족히 한권의 책으로도 되겠지만 그들이 고향을 나와 북쪽으로 향한 자는 북청(北淸), 만주, 시베리아로 가고, 남쪽으로 향한 자는 상해, 홍콩을 거쳐 싱가포르에 도달하여 이곳에서 처신을 정하였다. 그리고 아득히 네덜란드령 인도, 호주, 인도, 혹은 아프리카의 끝까지도 간 것이다.

고로(古老)로부터 듣건대, 싱가포르에 발자국을 남긴 일본 낭자군의 첫 번째 사람은 오야스(おヤス)라고 하는 미인이었다. 그는 처음부터 추업부(醜業婦)로서 도항한 것은 아니었다. 그녀가 풍도(風濤) 만리를 아랑곳하지 않고 보지도 알지도 못하는 먼 별천지에 왔을 때에는 아직 일본 남자 한 명도 보지 못하였다. 오야스는 곧 검고도 윤기가 도는 머리를 뿌리에서 잘라 내고 보이로 변장하여 외국인 호텔에 살며, 애교와 충근(忠勤)은 여객과 주인이 몹시도 사랑하는 바가 되었다. 그러는 중에 다소의 저축도 이루어지고 사정에도 통하게 되었을 때, 2,3명의 일본 밀항부가 와서 예의 추업을 운영하여 대단한 성공을 거두는 것을 보고 그녀도 마침내 그 무리에 들어갔다고 전해지고 있다.

이들 선구자들이 싱가포르에 도래한 것은 1870, 71년 무렵의 일이라고 한다. 그러던 중에 1881, 82년 무렵에는 5,60명의 추업부를 헤아리게 되고 1887년 무렵에는 남녀의 재류자가 100명 이

1 규슈(九州) 나가사키현(長崎県) 남동부에 있는 지역으로 역사적으로는 기독교 탄압과 악정으로 인한 1637년 시바바라의 난(島原の乱)으로 유명하다.
2 규슈(九州) 구마모토현(熊本県)에 위치한 섬지역이다.

상에 이르렀다. 이렇게 방인의 재류자가 다소 다수가 되기에 이르렀기 때문에 정부에서 영사관을 개설한 것이 1889년이었다.

낭자군의 수는 그 후 점차 많아지고 그 활동도 범위를 한층 확장하였다. 그래서 그들 중에는 성공자라고 할 수 있는 자도 생겨났다. 영국령 보르네오의 산다칸(Sandakan)에 있는 기노시타 구니(木下クニ)와 같은 자도 그 중 한 명이다. 그녀는 싱가포르의 오야스와 마찬가지로 이 땅을 개척자로 30년 전, 영국령 북보르네오 회사의 창설 당시에 28세의 나이로 도항하여 와서, 56세인 오늘날까지 이 산다칸에 거주하며 수천, 수백의 수염이 있는 남자를 도왔는데, 재류방인 중에는 이 노협녀(老俠女)의 신세를 지지 않은 자는 없다.

나는 작년 이 노녀에 대해 북보르네오 30년간의 사건을 듣고 또한 그녀의 일사업으로서 산다칸 배후의 산위에 설치한 일본인 묘지를 위문하였다. 묘지에는 모양 사납지 않은 독경소도 만들어져 있었다. 그녀는 물론, 이 땅에 뼈를 묻을 작정이며 그 준비로서 이미 훌륭한 석비를 멀리 일본 내지로부터 가져와 세워두고 있었다.

라부안(Labuan)의 오후나(おフナ)도 이 지방에 재류한지 20년, 이제 50여의 노파이지만 그 지역 제일의 부호인 중국인의 정처로서 역시 다수의 일본인을 보살피고 있다. 그 외에 하나하나 열거할 수 없지만 이들 낭자군의 성공자 중에는 정말로 소설 이상의 화제를 가지는 자가 적지 않다.

성공한 정업자(正業者)

정업자 중 성공한 자는 아직 역사가 역사인 만큼 이렇다 할 정도까지는 아니다. 성공했다고 하더라도 북미나 하와이의 그것과는 아직 비교할 수 있는 자가 없는 것도 유감이다. 그렇지만 맨몸으로 날아와서 적수공권(赤手空拳)으로 분투한 결과 상당한 부를 이루어 상류계층으로 인정받는 자, 결코 적다고 할 수 없다. 그들 이른바 성공자의 종류는 잡화상, 사진사, 의사 등인데 싱가포르의 잡화상 오토무네(乙宗)와 같은 자는 미쓰이(三井) 다음의 상업자로 주목받고 있으며 100만 이상의 무역을 취급하고 있다. 그 외에 일본상행(日本商行), 야마토상회(大和商會), 오야마상점(小山商店) 등이 있다. 의사로서는 나카노(中野), 니시무라(西村) 두 사람과 같은 자는 상당한 문호를 펼치고 있다. 사진사인 나카지마(中島)씨와 같은 자도 성공자의 한 사람일 것이다.

자바에서는 스마랑(Semarang)의 오가와(小川)씨와 같은 자는 미술학교 출신으로 프랑스에 유학할 목적을 가지고 싱가포르에 왔을 때, 병으로 인해 목적을 바꾸어 마침내 부득이 하게 행상을 하기에 이르렀다. 즉 자바에 와서 매약(買藥)을 시작했는데 그 이래 16, 7년이 지난 오늘날에는 7, 80명의 방인을 사용하여 수개소에 지점을 설치하고 각종의 잡화를 거래하여 십 수만의 부를 쌓고 있다. 그 외 시오야(潮屋), 남양상회(南洋商會)의 쓰즈미바야시(堤林)씨와 같은 자는 또한 성공자라고 할 수 있다. 독일령 뉴기니의 라바울(Rabaul)을 근거로 하는 고미네(小峰)씨의 조선업도 또한 상당한 세력을 가지고 있다.

최근에 고무사업이 발흥함에 따라서 갑자기 부를 만드는 자도 적지는 않다. 가사다 나오키치(笠田直吉) 노인이 나카가와씨의 조력을 얻어 경영하고 있는 200에이커의 고무농장을 35만 엔에 외국인의 손에 넘겼다. 가사다씨는 원래 매우 곤란을 맛본 사람이었는데 일약 35만 엔의 부호가 되어 한동안 성공자로서 전해졌다. 그는 오늘날에도 여전히 새롭게 고무농장을 경영하며 원기왕성하다.

가사다씨를 돕고 있는 나가가와씨도 성공한 자 중 한 사람으로 싱가포르에 훌륭한 점포를 가지고 성대한 상업을 운영하고 있다.

진지한 발전

최근에 내지 일류의 자본가가 고무와 그 외의 사업에 투자하기에 이른 것은 방인 발전의 선상에서 하나의 신기원을 획하는 것이다. 근래 네덜란드령 인도 방면에서는 낭자군의 재류를 금하고 점차 지역 외로 쫓아내려고 하는 방침을 취하였다. 싱가포르에서도 올해에 이르러 남자로 하여금 추업에 관계가 있는 40 몇 명의 일본인에게 재류금지의 명령을 발하였다. 아마 점차 추업의 단속을 엄하게 할 심산일 것이다. 그러면 남양에서 일본 낭자군의 전도는 가까운 장래에 이전과 같을 수 없을지도 모르겠지만 이에 대신하여 진지한 방인의 발전을 이루려고 하는 사실은 경하해야 할 현상이다.

9

유사 일본향(日本鄕)과 소일본촌

미나하사(Minahasa)의 유사 일본향

셀레베스섬의 북단에 있는 미나하사가 일본인 자손의 섬이라고 일컬어지고 있음은 앞에서도 말하였지만, 나는 작년 5월 직접 이곳을 시찰하였다. 여기는 해안으로부터 곧바로 1,000척 이상의 높은 지대이며 후방에는 고봉(高峰) 준령이 우뚝 솟아 클라밧(Klabat)산과 같은 곳은 7,000척의 높이이다. 여기저기에 온천이 솟아 나오고 기후는 열대지에도 불구하고 조석에는 화씨 60도로 내려오는 경우도 있으며, 낮에 혹서라도 85도를 넘지 않으며 우리의 이른 봄이나 늦은 가을의 기후와 같다.

나는 미나하사의 항구인 마나도(Manado)에 상륙하여 마차를 몰아 2,000척의 고봉을 우회하였고, 밝은 달빛을 이용하여 심림(深林) 사이를 지나 14마일 떨어진 토모혼(Tomohon) 마을에 도착해서 방인 야마다(山田)씨의 집에 투숙하였다. 목욕 후에 베란다에 나왔더니 냉기로 인해 겉옷을 입지 않을 수 없었다. 다음 날은 자동차를 몰아 방인 오카모토(岡本)씨의 안내로 일본인 자손의 부락이라고 일컬어지는 톤다노(Tondano) 마을을 지나 높은 지대를 달리기를 200마일, 재차 마나도에 돌아와 그곳에서 케마항에 도착하였다. 전후 5일간의 체재에 지나지 않았지만 다행히 이 지방의 주요한 장소는 모두 시찰하였다. 원래 자바를 제외하고 네덜란드령 인도 중에서 자동차를 몰 수 있는 곳은 이 지방뿐이다. 그래서 그 도로를 정비하는 일을 살펴야 한다.

일본인의 후예라고 하는 이 방면의 종족은 알푸루(Alfuru)족, 부기스(Bugis)족, 자바인 등과도 혼혈하고 있는데 일반적으로 미나하사인이라고 부른다. 토인의 전부는 기독교를 신앙하여 문화의 정도가 높고 톤다노 마을에는 귀족학교가 있으며 토모혼 마을에는 사범학교, 고등여학교가 있고 각 마을에는 소학교가 있다. 학령아동의 거의 전부는 취학하지 않을 수 없으며 일요일에는 노소서로 손잡고 교회에 가는 모습이다.

일본인 그대로의 미나하사 토인

아무리 빈곤한 농부라도 거칠게 만들었지만 반드시 2층 건물의 서양풍의 목조가옥을 짓고, 아래층을 곳간으로 사용하고 위층에는 의자, 테이블을 갖추어 침대에서 일상생활을 하고 극하층의 인민이라도 다른 말레이인과 달리 결코 나체 모습을 볼 수 없다. 반드시 양복 또는 셔츠를 입고 혼례 때에는 농민이라고 하더라도 신랑은

연미복을 입고 신부는 백색 양장의 하이컬러 모습으로 교회에서 식을 올린다는 이야기에 이르러서는 실로 놀라운 사실이다.

이렇게 문화의 정도가 진전되어 있는 미나하사인은 스스로 일본인의 후예라고 칭하고 있다. 외국인의 책에도 아마 사실임에 틀림없다고 관찰한 것이 적지 않다. 그들의 용모는 거의 일본인과 같고 기후 탓도 있겠지만, 남양인과도 닮지 않아 살갗이 희고 그 중에는 일본인 이상의 미인도 있다. 가두에서 지나다 만나면 일본인과의 구별이 조금 어려울 정도이다.

부인의 이름에 오(お)자를 위에 붙이는 것이 오하나(おハナ), 오하루(おハル)라고 하는 것과 같으며, 괭이를 의미하는 구와(くわ)를 구와(クワ), 가래를 의미하는 스키(すき)를 스키(スキ), 대나무를 의미하는 다케(たけ)를 다케(タケ), 옷을 의미하는 기모노(きもの, 규슈 지방에서는 기몬〈キモン〉이라고 한다)를 기몬(キモン)이라고 부르는 것과 같은 동음의 점도 있으며 근래에는 특히 일본류의 이름을 붙이는 일이 유행하여 오카모토(岡本)라는 성, 도메고로(留五郎)이라는 이름도 있다고 들었다.

남자는 꿇어앉고 여자는 정좌를 한다. 물건을 남에게 드릴 때는 쟁반 위에 놓는다. 서로 만나면 머리를 숙여 예를 주고받는다. 축연에는 술잔을 주고받는다. 발, 병풍, 장지 등은 완전히 일본류이며 집 앞에는 식목, 뒤에는 헛간을 설치하고 천성적으로 무(武)를 좋아하고 검무와 창 춤을 한다. 혹자는 말하기를 톤다노의 촌장 집에는 일본도와 이로하(いろは)의 두루마리가 있었다고. 또한 석비에는 일본의 묘석과 같은 것을 발견한 적이 있다고. 더구나 내

가 시찰할 때에 묘석은 네덜란드 정부 때문에 파괴되었다.

천주교도의 후예인가

이하 진술하는 바는 나의 억측에 지나지 않지만 미나하사인이
일본인의 후예라는 설의 진부(眞否)는 어느 쪽인지 알 수 없지만
어쩌면 그럴 것이라고 생각되는 바도 있다. 지금부터 무릇 300년
전, 다카야마 우콘(高山右近)[3], 나이토 죠안(內藤如安)[4] 등을 비롯하
여 수많은 이른바 천주교도들은 정부의 압박 박해를 우려하여 먼
저 루손섬으로 도망하였다. 루손에 건너간 후에도 여전히 다이묘
(大名)의 위의(威儀)를 잃지 않고, 그 출입에는 창을 세우고, 경필
(警蹕)을 내리고 걸었다고 하는 것이다. 그런데 그들의 최후가 어
떠했는지 하는 점에 대해서는 하등 사적의 증거를 구할 수 있는
것이 없다. 어쩌면 그들의 어느 자가 더욱 남하하여 이 방면에
도착한 것은 아닐까.

네덜란드령 인도의 토인 약 4,000만인은 모두 회회교의 신자임

<hr>

3 일본 전국(戰国)시대부터 에도(江戶)시대 초기의 무장이자 다이묘(大名). 1614년
   가가(加賀)에서 살고 있었던 중에 도쿠가와 이에야스(德川家康)의 기독교인 국외추
   방령을 받고 가가를 퇴거하였다. 나가사키에서 가족과 더불어 나이토 죠안(內藤如
   安) 등과 더불어 마닐라로 가는 배를 타고 그곳에 도착하여 환영을 받았지만 노령의
   나이에 긴 여행과 익숙치 않은 기후로 인해 얼마 지나지 않아 숨을 거두었다.
4 일본 전국(戰国)시대부터 에도(江戶)시대 초기의 무장. 독실한 기독교신자이자
   다도인으로서 기독교인 추방령으로 마닐라에 추방되었다.

에도 불구하고 오로지 이 미나하사에서만 천주교를 믿으며, 몇 해 전 네덜란드 정부가 이 지방의 토인들에게 개종을 압박했을 때에도 명령을 받들지 않았다. 모든 사정을 추측하여 미나하사에는 일본으로부터 도망친 천주교도의 후예라고 하는 것도 결코 무조건 부정할 수 없다.

도보섬의 소일본촌

미나하사의 유사 일본향 이야기에 수반하여 상기되는 것은 뉴기니의 남쪽에 있는 도보섬의 소일본촌에 대한 것이다. 네덜란드령 인도에서 일본인 약 4,000명, 그 중에서 가장 집단을 형성하고 있는 것은 이 섬이다. 작년 군함정이 몰루카군도를 거쳐 이 고도를 향해 가서 배가 이 섬에 도착하자마자, 일찍이 일본군함의 내항을 들어 알고 있었을 것으로 보이는데 수십의 일장기가 해안의 가옥에 나부끼고 있는 것을 보았다. 그리고 수많은 일본인들이 작은 배를 저어 군함을 방문하여 연이어 그 안내를 받고 상륙하자 주먹만 한 크기의 소천지에 일본인의 가옥이 늘어서 약 40여 호나 있고 잡화상 2호, 하숙집도 술집도 세탁집도 있었다.

동포 구제의 목적을 가지는 단체로서 1905년에 일기관을 설치하였지만 1908년 10월에 일본인구락부로 개칭하여 현재 2,500 길더를 투자하여 건물을 신축하여 상당한 기본금까지 모으고 있다.

이 섬은 현재 진주 채취의 근거지로 호주인이 경영에 관여하고 있는 셀레베스무역회사가 6년 전부터 향후 10년간을 35만 길더라는 요금으로 특허권을 얻었다. 즉 이 회사는 스쿠너범선 5척, 잠수선 100척을 가지고 채취에 종사하고 있으며 그 작업은 대부분 일본인인데 와카야마현(和歌山県) 출신자가 많다.

이들 일본인 1년 1척의 채취고는 평균 4톤인데 1톤 3,500엔으로서 회사는 400톤으로 140만 엔 정도의 수입을 차지한다. 참수부에 대해서는 1톤에 대해 250엔을 분배하는 계산방식이기 때문에 일본인의 수입은 연액으로 약 67만 엔, 1인당 1,000엔 내외의 수입이 있다.

겹겹이 쌓인 묘표(墓標)

매년 5월부터 8월에 이르는 동안은 무역풍으로 인해 풍랑이 높아 채집 불가능하기 때문에 잠수부는 육상에 올라 3개월 사이의 육상생활을 한다. 그때에는 남양의 각지에 산재하는 일본의 낭자군이 모여들어 일시는 100명 내외에 이르는 경우도 있다. 어떻든 생명을 알 수 없는 사업에 종사하는 어부의 일이기 때문에 수입의 태반을 이렇게 주색을 위해 투자해 버린다. 그렇지만 그들이 내지로 송금하는 액수는 매년 2만 엔 이상에 달하고 있다고 한다.

일본인 중에서 오래된 자는 이미 20년 이상이나 이르고 있다는 연유도 있지만 고참자의 이야기에 따르면 십수 명의 일본인이 영국인 모씨를 따라서 이곳에 온 것은 지금부터 21년 전이었다고 한다. 이 부락의 후방 산지를 산보하는데 우리들의 눈을 끈 것은 수십 백에 이르는 묘표였다. 수백 년 뒤에는 미나하사와 마찬가지로 일본인의 후예라고 일컫는 일도 있겠지만 이러한 벽지의 한 작은 섬에 어쨌든 수백의 일본인이 한 집단을 만들어 이미 겹겹이 쌓인 묘표를 가지고 있음은 특필해야 할 것이라고 생각한다.

10

방인의 고무재배사업

고무사업의 전도

방인이 남양에서 경제적 발전을 이루는 근저가 고무사업이라
는 점은, 세상 사람들이 인정하는 바이다. 작년 이해 고무 시세의
하락을 보았기 때문에 사정에 어두운 사람들은 곧바로 이 사업의
전도를 비관하여 이에 대한 투자를 주저하였지만 이 사업의 권위
자인 외국인 재배자들에게 물어보더라도 구미의 고무소비 전도에
대해 생각해 보더라도 또한 인조 고무의 품질 재료에 대해 연구해
보더라도 그 전도는 확실히 유리하다. 물론 이전처럼 수십 배당의
폭리를 탐하는 것과 같은 것은 불가능하지만 금후에도 오랫동안
열대지 재배사업 중 왕이라는 점은 명확하다.

이전의 말레이 중앙재배협회 회장인 맥라렌씨는 최근 정확한
조사 결과를 발표하고, 1920년의 공급은 18만 7천 톤이며 수요는
25만여 톤에 이를 것이라고 계산하고 있다. 이번 대전에서 지상

자동차부대의 활동은 공중의 비행기와 더불어 두 가지 현저한 사실인데, 금후 타이어와 그 외에 필요로 하는 고무 수요가 격증함은 의심할 여지가 없다. 적어도 가까운 십수년 간은 공급 과다의 염려는 없을 것이라는 의견을 세우고 있다.

또한 수십 명의 전문가와 경험가들을 망라하여 연액 수십 만 엔을 투자하여 십수 년 내에 걸쳐 연구를 거듭하고 있는 말레이반도 정부의 농무국이 매년 1회 발표하는 의견은 다음과 같다. 이 의견은 동업자가 이 업계의 사정을 아는 권위를 이루는 것이라 할 수 있는데, 그 최근의 보고에는 고무사업의 전도를 예단하여 종전의 폭리를 얻을 수 없어도 불안이 고착된 상태에서 평온한 상태로 확실한 20세기의 세계적 공업으로 도달할 것이라는 결론을 내리고 있다. 동시에 영국, 독일 각국에 대해 인조고무를 연구하여 도저히 재배 고무의 경쟁자일 전망이 없음을 단언하고 있다.

남양의 고무재배지는 실론, 수마트라, 자바, 말레이반도, 보르네오 등이지만 특히 말레이반도가 본산지라고 할 수 있는 지위에 있다. 작년 말의 통계에 따르면 말레이반도에서 재배를 위해 조차된 면적은 162만 에이커에 이르며, 그 중에서 재배면적 68만 에이커이고 현재 채취 가능한 면적 21만 에이커에 달하며 재배회사의 숫자는 약 1150이라는 많은 숫자이다. 다만 이 회사 수는 100 에이커 이하의 소재배지를 제외하고 있기 때문에 이들을 더하면 더욱 다수에 이를 것이다. 그리고 그 생산액은 올해 유럽 전란의 결과 감소하겠지만 그래도 4만 톤, 8천 8백만 엔에 이를 것이다. 내후년이 된다면 6만 5천 톤, 1억 수천만 엔에도 달할 것이라고 생각된다.

고무사업에서 일본인의 지위

그렇다면 요사이의 방인들 지위가 어떤지를 말하면, 앞에서 말한 가사다(笠田)씨 등의 소재배지는 별도로 하고 본국 자본가가 착수한 것은 1906년에 아쿠자와 나오야(愛久沢直哉)[1]씨가 경영하는 산고공사(三五公司)가 조호르(Johor)주의 최남단 펭게랑(Pengerang)에 있는 외국인 소유의 작은 고무림을 매수하여 부근의 개간을 시작한 것을 비롯하여, 미쓰이(三井), 후지타(藤田), 후루카와(古川), 모리무라(森村), 시부사와(渋沢), 그 외의 부호들뿐만 아니라 도쿄(東京), 오사카(大阪), 나고야(名古屋), 규슈(九州) 각 방면의 자본가가 참여하였다. 오늘날에는 대소의 재배지가 40곳 가까이나 만들어졌는데 주로 조호르주의 조호르강 일대와 말라카해협에 면한 바투파핫(Batu Pahat) 일대로 확산하여, 조차 면적 10만 에이커, 재배면적 3만 에이커에 이르며 투자는 이미 8, 9백만 엔에 달하고 있다.

이것은 유럽인들의 고무사업에 비하면 아직 말하기에 충분하지 않지만, 조호르주에서는 약 3할의 세력을 점하여 이 주에서 큰 세력이라는 사실은 의심의 여지가 없다. 싱가포르로부터 기선을 타고 조호르강을 거슬러 올라가자 양안에는 도처에 방인들의 고무림이 있고 사무소와 주택이 어른거린다. 배에는 방인으로 가

---

1 1866-1940. 일본의 실업가로서 일본이 통치하던 대만에서 농장 경영을 하고 말레이반도에서도 고무 농장을 경영하였던 산고공사(三五公司)의 설립자이자 경영자이다.

득하고 멀리 일본의 속요를 들을 수가 있다. 상하 10수마일, 약 100평방마일의 지역은 정말로 순수한 신일본을 나타내고 있다.

일본인 재배업자협회의 설립

그리고 고무사업의 성공은 단지 이에 관계한 자본가와 그 외 소수의 일본인의 성공이라고 말할 수 있을 뿐만 아니라, 실로 일본의 남양발전에 대한 연쇄임은 물론이다. 이 사업이 만약에 중도에 무너진다면, 나아가 일본의 남진에 일대 좌절을 초래함은 의심의 여지가 없다. 이러한 이유로부터 1912년 8월 우리들의 발기로 일본인 재배사업협회를 만들었다. 그 목적은 이 사업에 관계하는 동포공동의 이익을 대표하고 옹호하며, 상호의 편의를 도모하려고 하는 데에 있다.

외국인의 이 사업에는 일찍부터 통일성 있는 기관이 설치되어 있다. 즉 수도인 쿠알라룸푸르(Kuala Lumpur)에 중앙재배협회를 마련하고, 10명에 한 명의 비율로 대의원을 두어 중앙협회에 파견하는데 수미상응하여 동업자의 이익을 도모하는 데 노력하고 있다. 이렇게 질서가 있는 기관이기 때문에 그 세력은 항상 정부를 움직이고 있는데 우리 협회도 또한 이러한 외국인 중앙협회와 연락할 필요를 인식하고 일본인 재배사업협회의 입안자인 나는 미리 쿠알라룸푸르에 당시의 중앙재배협회 회장인 스킨너 및 간사 사라치스 두 사람을 방문하여 여러 가지 협의한 바가 있다. 그 결과, 소사이어티로서 정부의 특허를 얻어 성립하며, 세계(歲計) 약 5,000엔을 재배지의 대소에 따라서 부과징수하여, 그 유지비에 충당하고 있다. 한 재배지를 단위로 하여 한 명의 회원을 가지기 때문에, 현재는 회원 38명, 그중의 10명을 상임위원으로 하며, 정·부위원장을 설정하고 간사를 두어 협회의 운영을 맡기고 있다. 대만총독부는 작년 초 이 협회의 뜻에 찬동하여 보조금을 주었는데 오늘날에는 빠트릴 수 없는 일기관이 되어 동업자 이익 옹호를 맡고 있다. 이미 조호르협회와는 연락과 보조를 같이 하고 있지만 나가서는 정식으로 중앙재배협회에도 가입하여 외국인과 손을 잡고 방인들이 이 사업에서 발전할 수 있도록 도모하고 싶다고 생각하고 있다.

11

유망한 사업의 여러 가지

야자재배의 전도

고무사업과 나란히 근래 남양의 유리한 사업으로서 세상 사람들에게 선전되고 있는 것은 코코넛 야자의 재배이다. 코코넛 야자수는 바닷바람이 부는 곳이라면 적절히 자라기 때문에 남양군도, 어느 곳에도 생육한다.

코코넛 야자는 열대수의 왕이라고 일컬어지며, 도처에 그 모습을 볼 수 있으며, 토인은 반드시 이 나무를 주택 부근에 심어 그 6, 70 그루나 가지고 있기 때문에 생애 족히 수명의 가족을 양육할 수 있다.

이 나무만큼, 모든 부분이 유용하게 사용될 수 있는 나무도 적다. 코프라 즉 야자열매를 말린 것은 수요가 점점 늘고 있으며 시가는 매년 높아지고 있다. 이것은 비누, 버터의 재료가 되어 남양에서 수출되는 금액은 매년 수천만 엔에 이르고 있다. 그 잎은 아탑이라고 일컬으며 토인의 집 지붕을 이을 수 있고 껍질은 섬유

재료로서 줄기는 목재 또는 기구의 재료로서 유익하여 어느 부분도 버릴 데가 없다.

코코넛 야자 재배사업은 아직 고무만큼 성대하지 않으며, 특히 본국인이 이 사업에 착수하는 자도 드물지만 이번에 점령한 독일령 남양의 제군도는 이것의 재배에 호적의 장소이기 때문에 머지 않아 이 방면에도 착수하는 사람이 생겨날 것이라고 생각한다.

그 외 커피, 쌀, 사탕, 타피오카 등도 소자본으로 경영하는 방인들에게 적절한 농업이다.

진주 채취업

수산 특히 진주 채취사업은 이미 방인들의 유력한 사업이 되어 북쪽은 버마의 경계인 메구이, 필리핀의 술루군도부터 남쪽은 뉴기니섬 부근의 도보섬에 미치고 있으며, 방인 중 이 일에 종사하는 자가 매우 많다. 산다칸 부근, 마카사르 부근에도 이 사업에 적절한 해변은 적지 않다.

일으킬 수 있는 소공업

일본인이 적절한 공업으로서는 얼음, 레몬에이드의 제조가 있다. 남양은 두말할 필요도 없이 연중 혹서 속에 살아가기 때문에 이들 음료수의 수요는 막대한데, 만약에 그쪽에서 이러한 공업을 일으킨다면 반드시 유망할 것이라고 생각한다. 어떠한 지역에서 도 항상 중국인의 미덥지 못한 레몬에이드를 볼 수 있는데, 방인 이 운영하는 한 두 곳의 재배지에서는 그 농장 내의 수요에 응하 기 위해 스스로 레몬에이드를 제조하고 있는 곳도 있다.

그 외에 생고무를 넣는 상자는 매우 가격이 오르고 있다. 홋카 이도(北海道)의 전나무와 삼나무를 수출하여, 싱가포르에서 고무 용의 상자를 제조하면 장사가 될 것이라고 생각한다. 서양가구, 널빤지로 만든 가구, 쇠장식, 목재구 등도 유망하며 유리, 비누, 가죽세공, 고무제품 등 모두 전망이 있다.

그리고 과자제조도 유망하다. 근래 모리나가(森永)제과회사는 남양에 판로를 개척하여 호성적을 거두고 있다. 시오센베이와 같 은 것은 자본이라고 할 만한 자본도 들지 않고 초심자라도 가능하 다. 상선학교의 한 졸업생은 셀베베스에서 센베이의 도매를 하여 1개월에 150, 60엔의 순익을 올리고 그 이익을 가지고 셀레베스 내지의 조사를 하고 있다.

무역품으로서 유망한 것은

상업 쪽에서는 오늘날 일본으로부터 수입되고 있는 것은 석탄, 성냥, 면포 및 면사를 비롯하여 우무, 견직물, 메리야스, 타올, 향수, 그 외 장신구, 비누, 매약(買藥), 도기, 칠기, 양산, 시계,

과자, 불꽃 등 무수히 많다. 일반적으로 값싼 것이 좋다.

종래의 수출품으로서 개량하였으면 하는 점은 토인들의 기호를 잘 연구하여 열대지역에 맞는 것으로 개량하는 일이다. 토인들 중에서도 지방에 따라서 기호와 취미가 다소 다르다.

양산은 손잡이가 짧다. 칠기는 열대지에서 벗겨지기 쉬운 염료를 사용하고 직물은 바래기 쉬우며, 매약 및 그 외의 포장에는 아라비아 문자가 없기 때문에 토인들이 알기 어렵다. 성냥은 자바에서는 한 갑의 개수를 헤아리는 습관이 있는데 개수가 고르지 못하는 일이 격심하고, 향수나 탄산수의 병조림에 결점이 있다. 이들의 불만은 개량해야 한다.

요컨대 농공상 모두 유망한 사업, 개척해야 할 시장이 많다. 자바처럼 개발되는 나라는 무역의 상대로 해야 하며, 그 외는 원료의 개발, 이민의 발전지로 해야 한다. 자본가도 상공업자도 노동자도 가야 한다.

12

기후 및 위생 기타

영국 관헌과 위생행정

일본인이 남양에서 발전하는 데 당면하여, 가장 의문으로 여기는 점은 풍토, 기후, 위생에 대해서이다.

싱가포르 그 외 남양의 개항장에는 홍콩, 캘커타 등에 보는 것과 같은 악성의 유행병은 거의 없다. 내지의 개간에 당면해서도 사업가가 주의해야 하는 점은 말라리아가 존재하고 있을 뿐이다. 이 말라리아의 박멸에 대해서는 영국은 세계 각지의 식민지에서 특히 주의를 하고 있다. 이야기는 바뀌지만 몇 해 전 내가 아프리카의 수단에 갔을 때, 아라비아 메카의 대안(對岸)인 포트수단(Port Sudan)에 상륙하여 누비아(Nubia) 사막을 건너가 하르툼(Khartoum)이라고 하면 나일강의 상류 2천 마일, 아프리카 껌둥이가 서식하는 야만지로 고든(Gordon) 장군이 전몰한 곳이다. 그곳은 영국이 일단 그 영유를 방기하여 이후 지금의 키치너(Horatio Herbert Kitchene) 장군에 의해 재차 점령되고 나서 겨우 20년의 세월을 거쳤을 뿐인데 이제 말라리아가 아주 없어졌다. 내가 하르툼의 한 숙박소에 들어가자 복도에 다음과 같은 의미의 게시물을 발견할 수 있었다.

"만약에 한 마리의 모기라도 발견하신 분은 곧바로 사무소에 주의를 부탁드리고 싶다."

라고, 모기는 말라리아 전염의 매개자이다. 다음 날 총독인 윈게이트(Wingate) 중장을 알현하여 이 신기한 게시에 대해 말하자, 그는 풍토병 박멸의 고심을 고하고 열대 식민지에서 영국관헌의 노력을 말하며 이 수단과 같이 도저히 백인들의 주거가 불가능하다고 여겨진 땅에서 지금은 곧 이와 같다고 하며 자랑스러운 표정이었다.

남양은 건강지

남양은 그 기후와 풍토에서 원래 이들 아프리카의 식민지와 같이 불건강지는 아니다. 일반적으로 건강지라고 보아야 할 것이다. 우리들이 고무 사업을 위해 깊은 수풀을 개간하고 깡그리 불태웠을 때에는 말라리아에 걸리는 자가 적어졌지만 3, 4년을 지난 오늘날에는 말라리아 환자도 적어지고 일반적으로 위생상의 설비도 생겨나 이른바 장려(瘴癘)의 느낌은 이미 없어졌다.

나의 실험에 의하면 나의 재배지에서는 1개월에 겨우 이틀의 휴일을 주고 매일 9시간 찌는 듯이 더운 날씨에 쬐이면서 결근자가 출근자에 비해 비율은 100분의 4 내지 5에 지나지 않는다. 그렇지만 열대병 연구는 우리들이 애써 제창하는 바이며 재작년 4월에는 대만총독부로부터 이나가키(稻垣)박사, 올해 초에는 중앙정부로부터 미야지마(宮島)박사가 파견되어 실지를 시찰하였다. 그래서 그 조사보고에 따르면 남양풍토병이 악성이 아님을 결론짓고 있다. 즉 다소의 세월을 경험하면 남양에서 우리 방인이 영주에 적합한 건강지가 될 수 있음은 실험과 조사 모두 증명하는 바이며 건강상 남양에 이주할 수 있는지 아닌지는 이제 문제가 되지 않는다.

마음 편한 남양

기후, 풍토, 위생은 전술한 대로이지만 그 외에 다양한 사정은 방인의 발전에 형편이 좋다.

첫째, 이 방면에는 백인 노동자가 없다. 북미든 호주, 캐나다든 일본의 이민을 거절하는 곳은 백인 노동자와 이해가 일치하지 않고 그들의 반대에 봉착하기 때문이다.

둘째, 영국령 남양에는 세금이 없다. 정부의 수입 대다수는 술과 담배세, 지조(地租), 우편과 전신 수입, 수출세와 같은 것이다. 싱가포르에 재류하는 일본인이 세금을 지불한다고 하면, 수도료와 분뇨의 청소료 정도이다. 말레이 반도의 내지에 있는 일본의 큰 여관의 세금이 1년에 1달러라고 하는 점은 놀라운 사실이 아닌가.

셋째, 영국의 정치는 매우 관대하다. 각국인 각양의 풍속, 습관을 존중하고 결코 속박하는 짓을 하지 않는다. 인도 토인들이 반나체나 맨발인 채로 정청(政廳)에 출두하더라도 재판소에 가더라도 어떤 책망이 없다.

넷째, 싱가포르 및 그 외의 각 항구는 이른바 자유무역항으로 수입세는 들지 않는다. 그 때문에 생활비도 싸고, 특히 쌀을 먹는 일본인에게 있어서는 양곤(Rangoon) 및 안남으로부터 염가의 쌀을 얻을 수 있다. 사시 상하(常夏)의 나라이기 때문에 의복으로서는 하얀 목닫이 의복과 홑옷이 있으면 그것으로 충분하다.

다섯째, 영국의 형벌은 그다지 가혹하지 않다. 대개 형사상의 사건도 벌금으로 끝난다. 또한 외국인의 국사범죄자에 대해서도 상당히 관대하여 손일선(孫逸仙), 강유위(康有爲) 등의 중국 망명자가 싱가포르를 근거로 하고 있는 것도 모두 영국정치의 자유주의에 근거하고 있다고 해도 좋다.

여섯째, 영국정부의 자유주의는 중국인에 대해 도박을 관허(官許)하고 있을 정도이며, 일본의 추업자(醜業者)에 대해서도 여기에 의식하는 남자는 내쫓았지만 주인인 여주인에 대해서 또한 추업부 그 자신에 대해서 상당히 관대할 뿐만 아니라 보호를 하고 있다.

영국의 정치는 자유를 주의로 하고 개인의 권리를 존중한다. 이와 같은 정치는 방인이 발전하는 데 형편이 좋다. 정부가 오로지 진력하는 바는 교통기관 즉 철도, 도로, 항만의 수축, 위생의 설비에 지나지 않고, 그 외는 인민이 좋아하는 그대로 맡기고 있다.

마음이 편하기에는 더 이상 없다고 말하지 않으면 안 된다.

13

어떻게 발전책을 강구해야 하는가

남양 소개의 기관

일본인의 남양발전에 대한 장래의 시설에 대해 한 마디를 하고
싶다.

(가) 우리나라에는 아직 남양의 사정이 잘 알려져 있지 않다.
남양이라고 하면, 아직 코끼리나 악어가 발호하고 있는 몽매한
토지라고 생각하는 자도 적지 않다. 그렇기 때문에 남양사정을
주지시키는 기관이 필요하다. 그리고 남양 사업에 종사할 수 있는
인물을 양성하는 것이 필요하다.

중국 사업에 종사하는 인물의 육성을 목적으로 하여 1901년,
상하이에 동아동문서원이 개설되어 그 이후 10여년 800여명의 졸
업생을 내고 현재 중국 400여 주에 이 학교 출신자의 모습을 확인
하기에 이르렀다.

오늘날의 동양협회전문학교(東洋協會專門學校)에서는 말레이어

를 가르치고 외국어학교에도 말레이어과가 있고 오사카에도 어학교의 신설을 보았지만 이것만으로는 만족할 수 없다. 더욱 한 발더 나아가 싱가포르와 같은 남양의 중심지에서 흡사 동아동문서원처럼 남양의 사업에 종사하는 청년을 양성하는 기관을 설립하였으면 한다.

여기에 조금 부언하지만, 적어도 해외에 향하려고 하는 자는 종래와 같이 박지약행(薄志弱行)한 무리여서는 안 된다. 어느 경우는 일확천금을 꿈꾸고 어떤 경우는 내지에서 실패한 무리가 해외에 뛰어나가서는 진정한 해외발전을 바랄 수 없다. 어쨌든 외국인과 경쟁해야 할 무대이다. 다른 나라의 정치 아래에서 서로 다른 풍속과 습관을 가지는 여러 외국인과 어깨를 나란히 하고 승자의 지위에 서려고 하면 오히려 버젓한 준재와 인걸(人傑)이 나가지 않으면 안 된다. 그들 청년은 일본의 국시, 그것에 대한 굳은 신앙을 가지는 자가 아니면 안 된다.

항로와 금융기관

(나) 남양발전에 관해 희망하는 바는 항로의 확장이다. 재작년 이래 남양우편선이 내지와 자바 사이에 매월 1회의 정기 항해를 시도하여, 일본우선(日本郵船), 오사카상선(大阪商船) 등이 내지와 인도, 및 호주 사이의 항로를 개척하였으면 그 외에 이른바 사외선(社外船)이 남양제도 사이, 도처에 일장기를 휘날리며 항해에 종사

하고 있지만 이 위에 독일인이 경영하는 항로를 우리 손으로 차지하고 또한 종래의 항로 외에 본국에서 영국령 보르네오, 셀레베스, 자바를 연락하는 항로, 홍콩에서 싱가포르, 수라바야(Surabaya) 등을 거쳐 호주에 도달하는 항로, 홍콩, 북보르네오선의 항로를 개척하여 덧붙여 네덜란드령 인도의 연안무역을 주로하는 길을 개척하였으면 한다.

(다) 금융기관의 정비를 바라고 싶다. 목하 싱가포르에는 대만은행의 지점이 있을 뿐인데 그 외 각지 주요지에 출장소를 설치하고 대리점을 열어 무역사업의 편리를 도모하게 되면 남양무역은 더욱 한층의 발전을 이룰 것이라 생각한다. 특히 영국령 보르네오 방면과 같은 일본의 이식민을 환영하는 곳에 대해서는 관민 합동하여 유력한 척식기관을 설치하고 그 부원을 개발하는 것도 일책이다.

14

남양의 영웅

섬의 매물(賣物)

남양의 수많은 나라, 그곳에는 수많은 영웅의 역사가 있다. 북보르네오 3만 평방마일의 국가를 세운 자는 영국인 알프레드 덴트(Alfred Dent)와 오스트리아인 구스타프 오버베크(Gustav Overbeck)라는 두 청년이었다. 그것은 겨우 30년 전의 일에 속한다. 보르네오 동쪽에 있는 주위 70여 마일의 타라칸(Tarakan)섬의 소유주는 역시 영국인 카메론이라는 자이다. 그는 아직 30 몇 살의 청년이었는데 실은 34년 전 선대 카메론으로부터 이 섬을 물러 받았다. 선대 카메론은 지금부터 십수년 전, 그 지역의 촌장으로부터 소유권을 얻은 것이다. 나는 작년 6월 타라칸섬에 가서 현대 카메론과 회견하였는데 이 작은 섬으로부터 석유가 왕성하게 나온다. 그 석유는 지금은 로얄 더취(royal dutch) 석유회사에 채굴권을 주었는데, 1년의 산출액 50만 톤에 이른다. 1톤에 대해 1엔의 구전을 취하고 있으므로 카메론이라는 한 소영웅은 석유만으로 매년 50만 엔의 이익을 얻고 있다. 더욱이 이 섬에는 귀중한 목재가 많이 산출하고 있으며, 재류하는 일본인도 수십 명이며 고베(神戸)의 남양목재회사는 이 섬의 벌목권을 얻어 영업하고 있다.

우리들 일본인의 고무재배업자가 약 150평방 마일의 지역을 점하고 있음은 앞에서도 말하였지만 30평방 마일 정도의 한데 모인 지역을 얻는 일은 곤란하지 않다. 싱가포르의 신문에는 자주 '섬의 매물' 광고를 볼 수 있다. 싱가포르 대안 리오군도 중 하나인 렘팡(Rempang)섬은 40평방 마일의 넓이를 가지는데 언젠가 12만 불로 매물로 나왔다.

남양 제1의 재배지는 자바에 있는 영국 네덜란드 재배회사이다. 회사조직이 되어 아직 수년밖에 지나지 않았지만 이 회사의 영유하고 있는 구역은 820평방 마일에 이른다. 즉 남북 40마일, 동서 20마일이라는 광대한 지역이다. 바타비아(Batavia)에서 치르본(Cirebon)에 이르는 철도는 이 재배지를 관통하여 역내에 정차장 9개소가 있다. 또한 스스로 부설한 경편철도(輕便鐵道)가 몇 줄기나 놓이고 국내에는 관아(官衙)와 학교, 경찰이 있으며, 거주하는 인민은 20만에 이른다. 쌀, 커피, 고무, 티크나무를 산출한다. 재작년의 이익은 170만 길더, 자본금 2천만 엔으로 현재 5푼의 배당을 하고 있다. 자바 방면에 이와 같은 큰 면적을 하나로 모으는 일은 용이하지 않지만 수마트라 방면에는 여전히 5만 에이커나 10만 에이커 정도의 토지를 조차하는 일은 불가능하지는 않다.

방인 아쿠자와 나오야(愛久沢直哉)씨가 조호르주에 조차하고 있는 곳은 4만 2천 에이커, 즉 약 65만 평방마일에 이르고 있다.

곧 일본인인 아쿠자와씨는 65만 평방마일의 왕이다. 이야기는 갈림길에 들어가지만 나는 최근에 남양의 두 영웅에 대해 이야기하고 싶다. 한 명은 싱가포르의 창건자인 토마스 스탬포드 래플스(Thomas Stamford Raffles)와 다른 한 명은 사라왁(Sarawak) 왕국의 건설자인 제임스 브룩(James Brooke)이다.

싱가포르의 건설자 래플스

싱가포르에 상륙하여 발걸음을 해안 거리로 옮겨, 코넛(Duke of Connaught and Strathearn)전하가 행차하였던 가도에 이르면 푸르고 푸른 커다란 모포를 깐 것 같은 잔디 안에 하나의 거대 동상이 서 있는 것을 볼 수 있다. 이것이 곧 래플스이다. 그는 프록코트를 입고 팔짱을 끼고 나이 50의 모습인데, 부인을 닮은 부드러운 외형으로 깊은 생각에 잠겨 남방 자바의 하늘을 노려보고 있다.

싱가포르에는 래플스 거리, 래플스 박물관, 래플스 호텔, 래플스 다리, 래플스 등대, 래플스 가로 등, 도처에 래플스 이름을 붙인 기념물이 있다. 래플스의 46년이라는 짧은 생애와 그 위업에 생각이 미치면 인간의 사업, 반드시 작지 않음을 상기시킨다.

그는 1761년으로 서인도의 자마이카섬에서 태어나 14살 때 동인도회사의 사원이 되어 캘커타에 있기를 10여년, 26살 때 동회사가 말레이반도의 피낭에 출장소를 마련하자 그 서기관으로 임명되었다. 당시 말라카(Melaka) 식민지에는 레덴, 마스든이라는 동양학자 두 명이 있었다. 래플스는 이에 대해 이 지방의 역사, 문학을 듣고 또한 어학의 천재인 그는 곧바로 토어(土語)에도 통하여 동식물에 대한 취미도 깊어서 정치가 외에 과학자로서의 소양을 만들었다.

당시 유럽에서는 나폴레옹 전쟁으로 인해 네덜란드도 또한 프랑스에 정복되었던 때였기 때문에 그는 웅장한 마음이 낙락하여 남양경영의 뜻을 세워 인도에 가서 총독 민토(Minto)경에게 알현하여 네덜란드령 자바, 수마트라를 침략해야 한다고 의견을 말하여 받아들여졌다. 1811년, 90척의 병선을 이끌고 자바의 수도 바타비아를 공격하여 자바, 수마트라 두 거대 섬은 곧바로 영국령으로 귀속되고 그는 곧바로 자바 부총독으로 임명되었다. 그는 임기 기간에 자바통치의 근본인 토지정책을 결정하고 또한 유명한 자바사를 편찬하였다.

래플스의 위업

그 중에 어느 중상모략자의 말로 인해 수마트라섬의 벤쿨렌 지사로 좌천되었지만 그는 이일로 조금도 굴하지 않고 더욱 대대적인 계획을 세웠고, 남양의 형세를 고려하여 동서양의 패권을 장악하기 위해서는 무슨 일이 있어도 말라카해협의 관문에 하나의 근거지를 차지하지 않으면 안 된다고 여기고 처음에는 순다(Sunda)해협, 다음으로 수마트라 북부 사방(Sabang), 최후에 리오군도에 근거지를 얻으려고 했지만 모두 네덜란드의 반대에 부딪혀 성사되지 못하였다. 마침내 1819년 싱가포르의 형승(形勝)의 땅임을 인지하고 이를 당시의 인도총독 헤이스팅스(Hastings)에게 의견을 말하였더니 로버트 클라이브(Robert Clive)와 더불어 식민적 영웅인 헤이스팅스는 그 지역의 의견을 배격하고 곧바로 이 의견에 찬동하였기 때문에 래플스는 단호하게 결심하여 유니온 잭 깃발을 싱가포르에 세웠다. 이곳을 점거하는 데 있어서 네덜란드의 방해는 물론, 피낭에 있는 영국의 관리마저도 반대하였지만 사면초가 속에서도 그의 결심은 흔들리지 않았다. 후일 영국과 네덜란드 양국의 화약이 성립하고 당시 네덜란드의 세력을 두려워하고 있었던 영국은 자바, 수마트라와 더불어 싱가포르를 네덜란드에 반환하려고 했지만 래플스는 굳은 마음으로 동요하지 않았다. 영국정부도 어쩔 도리 없이 래플스의 의견을 받아들여 싱가포르의 영구점령을 승인하였다.

어느 곳이든 영웅의 사업은 중우(衆愚)로 인해 저해를 받는다. 래플스도 그러한 예로부터 자유롭지 못하여 수많은 박해를 만났다. 더구나 그의 뜻이 굳고 그가 남긴 사업은 오늘날 영국의 국위를 동남양에서 중심을 이루게 만들었다. 옛날 한 어촌에 지나지 않았던 싱가포르는 이제 36만의 대도시가 되어 세계 각국의 인종을 포용하여 10억의 무역을 수행하고 있다. 유럽, 아시아, 호주 세 대륙의 관문이 해당하며 영국의 동양, 남양에 대한 지위를 반석 위에 올려놓았다. 그는 선병질(腺病質)이었기 때문에 46살로 죽었지만 그에게 더욱이 10년, 20년의 세월을 빌렸다면 이 사업은 보다 커졌을 것이다.

그가 영국으로 돌아오는 도중, 배가 실화하여 귀중한 동식물 표본 및 박물학상의 대저술은 완전히 몽땅 타버렸지만 그 이전에 보낸 것은 오늘날에도 여전히 런던의 박물관에서 이를 볼 수 있다.

제임스 브룩의 대업

래플스와 나란히 남양의 일영웅은 제임스 브룩(James Brooke)이다. 그는 일개의 서생의 몸으로 일본 본토와도 비슷한 북보르네오의 사라와크국을 사유하고 왕이라고 칭하기에 이르렀다.

제임스 브룩, 그는 1803년 영국에서 태어나 22살 때 동인도회사의 서기가 되어 캘커타에 부임하였다. 그 해는 저 래플스가 죽기 1년 전이었지만 그의 청년시대도 래플스와 닮았다.

그가 27살 때 중국에 유람하는 도중, 사라와크에 기항하여 그 국토가 웅대하며 물자가 풍부한, 더구나 육지에는 만족(蠻族)의 횡행이 극심하며, 바다에는 해적이 격렬하게 날뛰고 있음을 보자, 내가 이에 대신하여 문화를 야만지역에 선포해야겠다는 뜻을 품었다.

훗날 그의 아버지가 죽어 가산을 이어받자 그는 1,400톤의 배를 구입하여 로열리스트(loyalist)호라고 명명하고 1838년 35살 때 런던의 템스강을 출범하여 풍도만리(風濤萬里), 북보르네오로 향했다.

당시 사라와크 촌장은 다이야크족과 싸워 소득이 없었는데, 브룩이 도착했다는 것을 듣고 그에게 구조를 요청하였다. 브룩이 이끄는 선원과 고용한 토인을 인솔하여 다이야크를 크게 격파하고 촌장을 궁지로부터 구하였다. 그런데 촌장은 해당 지방의 통치를 브룩에게 양도하였다. 이렇게 어제의 보잘 것 없는 한 서생은 지금의 대국왕이 되기에 이르렀다.

여기에서 그는 전심으로 통치의 개선에 힘써 체재한 지 5년, 영국 본국으로 돌아오자 정부는 그를 대우하는 데 국빈의 예를 다하고 런던시는 시의 자유권을 부여하였으며, 옥스퍼드대학은 법학박사의 학위를 수여하고 정부는 더욱이 새로운 영토인 라부안(Labuan)섬 총독에 임명하였으며 북보르네오의 영국사령관을 겸임시켜 영국군함에 탑승하게 하여 사라와크왕국으로 귀임시켰다.

그렇지만 그에게도 또한 수많은 곤란이 닥쳐왔다. 1851년에 그는 예기치 않게 영국하원의 탄핵을 받았으며, 또한 1867년에는 사라와크에서 중국인이 봉기하여 수도 쿠칭(Kuching)을 습격하여 그의 궁전을 불태우는 참사를 일으켰다.

그 반란은 이윽고 진정하기에 이르렀지만 그는 다음 해인 1868년에 영국으로 돌아가고 사라와크의 통치는 그 조카인 찰스 브룩에게 물려주고 인퇴하였다. 찰스 브룩은 '전하'의 칭호를 받아 80살인 오늘날까지 그 숙부의 유업을 부끄러워하지 않고 사라와크왕국을 통치하고 있다. 비록 제임스 부륵의 최후가 화려하지 않았다고 하더라도 그의 건국 창업의 효과는 오랫동안 영국이 감사해야 하는 바이며, 그는 남자 중의 남자라고 해야 한다.

15

남양의 내일

남양과 독일, 네덜란드, 미국

그 옛날, 프랑스의 튀르고(Anne Robert Jacques Turgot)는 "식민지
는 또한 과실과 같다. 잘 익으면 곧 그 나무에서 떨어진다."라고
말하며, 식민지경영이 공일임을 풍자하였다. 이 말을 듣고 겨우
수십 년, 마찬가지로 프랑스의 피에르 르루아 볼리외(Pierre Paul
Leroy-Beaulieu)는 "가장 많은 식민지를 가지는 자는 세계의 강국이
다. 오늘날 그렇지 않아도 내일은 반드시 그럴 것이다."라고 외쳤
다. 르루아 볼리외의 말은 오늘날 세계에 나라를 만드는 자의 금언
이라고 할 수 있다.

세계열강이 남양경영에 힘을 쏟기에 이른 것은 비교적 오래되
지 않았다. 아니 아직 그 전세력을 이곳으로 향하지 않은 느낌이
있다. 금후의 남양에서 경쟁이야말로 점차 격렬해질 것이다.

독일은 독일령 뉴기니를 비롯하여 수많은 군도를 손에 넣었다.
그것은 이번의 전쟁으로 영국 또는 일본에 점령되었다. 전쟁 종료

후, 담판이 어떻게 결착될지를 보지 않으면 지금 뭐라고 할 수 없지만 독일이 남양에서 부지런히 경영하고 있는 식민지는 아마 재차 그 손에 귀착하는 일은 없을 거라 생각한다. 그렇지만 상인으로서의 독일인 세력은 여전히 상당한 세력을 가질 것이다.

미국은 필리핀의 점령으로 남양의 일역을 담당하게 되었다. 그렇지만 필리핀 군도의 남반은 아직 반란이 끊이지 않는 미개지이기 때문에 미국이 그 손을 더욱 남쪽으로 뻗치는 것은 조금 어려울 것이다. 그렇지만 개인으로서 미국인의 활동은 다소 눈부시며, 최근 수마트라에는 대규모 재배사업을 경영하는 자가 나타나고, 조호르주 등에도 작년 이래 미국인이 투자를 보기에 이르렀다. 싱가포르에 주재한 한 미국영사는 귀국 후에 뉴욕에서 미국인의 남양투자를 역설하였다. 미국의 경제적 국정이 지금 조금 변화하여 오늘날보다 상공업국으로서 명확해지면 미국의 남양활동은 한층 활기를 띠게 될 것이라고 생각한다.

남양에서 네덜란드 영토가 광대함은 지도를 펴서 일별(一瞥)하면 곧바로 고개를 끄덕일 것이다. 그러나 그 경영에 착수하고 있는 곳은 자바 한 섬에 지나지 않고, 그 외는 해안 및 하천을 따라서 조금 개발의 서광을 볼 뿐이다. 수마트라의 북부는 지금도 여전히 반란 끊이지 않고 보르네오의 서부와 같은 곳은 올 여름에도 무장봉기가 일어난 사실이 있다. 네덜란드는 그 본국의 세력이 크지 않은데 어울리지 않게도 남양에 75만 평방마일의 대영토를 소유하여, 그로 인해 조금 힘에 겨운 기미가 있는 것은 아닐까. 따라서 그 전도도 크게 낙관할 수만은 없다.

괄목해야 할 영국령의 장래

뭐라 하더라도 영국의 세력만큼 커다란 것은 없다. 영국령의 중심은 두말할 필요도 없이 싱가포르인데 동서양의 요소를 장악하고 배후에는 인도, 버마를 옆에 두고 더욱 북진해서는 홍콩을 영토로 삼고 있다. 그렇기 때문에 남양에서 영국의 세력을 반석 위에 올려 열강 어느 나라도 그에 미치지 못한다.

특히 말레이반도의 번영은 놀랄만하다. 저렇게 작은 면적이면서도 무역은 일본의 3분의 2에 이르고, 싱가포르의 선박 출입은 세계에서 제8위를 점하며 배후의 산으로부터 주석을 생산하고 고무를 산출하며, 각주의 재정은 항상 세입초과를 보이고 있다. 정부가 가장 주의하는 점은 철도의 부설, 그 외 교통기관의 정비이다.

그리고 영국인의 계획이 웅대하다. 싱가포르와 조호르 사이의 해협에 3,000만 엔을 투자하여 일대 철교를 가설하려고 하여, 이미 기초공사에 착수하고 있다. 또한 반도의 중앙에 구눙 타한(Gunung Tahan)이라는 높은 산이 있는데 산의 중턱은 조석의 온도가 60도를 내려갈 정도이기 때문에 200만 엔을 투자하여 일대 유원지를 건설하여 장래 반도의 성공자가 구미, 일본, 머지않아 인도 다르질링(Darjeeling), 자바 등에 피서가는 것을 막으려고 기획하여 이미 총독이 실지 시찰을 하였다. 또한 캐나다, 호주 등의 영국 식민지가 모국을 위해 초대형 군함을 헌상하려고 한다는 말을 듣자, 말레이반도의 영국인도 또한 이 2대 식민지와 나란히 전함 한 척을 기부하고 이름을 '말라야'라고 불렀다.

남양에서 영국령 식민지의 장래는 가공할 대세력이 될 것이라는 사실은 상상하기 어렵지 않다. 말레이반도에서 각주의 정치조직이 각기 다르다는 사실은 앞에서 말하였지만 영국정부의 손은 그 중에서 보호령인 조호르 등에도 점차 힘을 뻗치고 있다. 아마 가까운 장래에 이들 보호주도 해협식민지와 연방주와 힘을 합해 일단(一團)을 이루어 일대 연방으로서 정치상으로도 통일될 때가 올 것이다. 그리고 한편으로 영국령 보르네오의 세 개 주도 또한 통일 있는 연방국을 만들 때가 올 것이다. 더욱이 이들 제연방은 한 덩어리가 되어 영국령 남양연합국을 형성하여 남아프리카공화국처럼 될 시기가 올 것이다. 게다가 네덜란드령 인도, 특히 자바, 수마트라 등에서 영국인의 투자가 네덜란드인의 투자와 비슷하고 어쩌면 그 이상을 넘는 것을 보면 남양에서 영국이 장래에 괄목할 만하다는 사실을 생각하지 않을 수 없을 것이다.

16

가야하며 개척해야 한다

남양에서 영국의 장래를 생각하건대, 새삼스럽게 토마스 스탬포드 래플스(Thomas Stamford Raffles)나 제임스 브룩(James Brooke) 등의 영웅이 남긴 사업이 거대하고 존귀함을 본다. 그들은 일필부의 신분으로 왕위에 올라 그리고 마침내는 영토를 그 황제에게 바쳐, 그 모국으로 하여금 세계를 비예(睥睨)하는 강국으로 만들고 그 국민으로 하여금 웅대한 민족이라고 일컬어지게 만들었다. 남자의 숙원, 이보다 뛰어난 것이 있겠는가.

돌이켜 우리 일본의 남양발전을 생각하고 오늘날 청년의 두 어깨에 걸린 중대한 사명을 생각하면 감개무량한 점이 있다. 남양이 개발되고 있다고 하지만 아직 크게 열리지 않았고 인력을 기다리는 자 도처에 있다. 결코 제왕의 업을 이룰 수 있는 여지가 없음을 쉽게 알 수 있다.

이미 크게 열린 곳에는 가서 장사를 해야 하며 아직 크게 열리지 않은 곳에 가서는 무진장한 부원을 개발해야 한다. 오늘날 남양에서 인구가 가장 조밀한 자바의 인구가 3천만 명, 지금 가령 네덜란드령 인도에서만 자바의 3분의 1정도의 밀도에 달하기 위해서는 몇 명의 사람을 수용할 수 있는가라고 하면, 실로 1억 4천만 명에 이른다. 자바와 같은 밀도라면 4억 2천만 명을 포용할 수 있다. 어찌 놀라울 신일본인의 신천지가 아니겠는가.

우리들은 우리나라의 청년들이 그 사상이 박약하고 웅대한 기상이 부족함을 우려한다. 인구는 매년 6, 70만이 증가하고 취직의 길이 없음을 괴로워하면서도 쓸데없이 내지에 안달하여 콩알만큼 작은 소천지에 두려워서 몸 둘 바를 모르는 것은 매우 슬퍼해야 할 일이다.

보라, 저 앵글로 색슨인종의 씩씩한 마음이 얼마나 낙락한지를. 멀리 떨어진 곳, 도처에 기꺼워하는 그들의 모습을 보지 못하는 곳은 없다. 바이블 한 권과 라켓 한 개를 손에 들고 가는 곳을 제2의 고향이라 여기고 그곳을 자기의 낙토로 만든다. 이와 같은 기성이야말로 오늘날의 대영국을 낳은 주요한 원인이 아니겠는가.

남양은 야마토(大和)민족에 적절한 발전지이다. 대일본주의 실행의 제1 천지이다. 가야하며 개척해야 한다, 또한 다스려야 하지 않겠는가.

제2부

남방의 일반개념과 우리들의 각오

특히 도남(圖南)의 청년에 고한다

본 강연은 쇼난도(昭南島) 함락 직전의 일이지만, 남방의 개념과 방인의 각오를 촉구하는 데에 상당히 귀중한 재료라 할 수 있으며, 여러분의 요구가 있음을 감안하여 등사에 대신하여 인쇄를 하여 강호 동감의 인사에게 분배하기로 하였다.

1

실은 익찬회(翼贊會)[1]의 요코야마(橫山) 사무총장으로부터 편지가 와서 '남방의 일반개념과 우리들의 각오'라는 표제로 여러분에게 이야기를 해 주었으면 한다는 것이었는데 일반 남방의 개념이라고 말씀드리면 매우 광범위하고 또한 상위한 장면도 있기 때문에 도저히 2시간이나 3시간으로 이야기를 다 할 수 없습니다. 우리들의 각오라고 하면 내 자신은 남방에서 일을 해 온 자입니다.

....
1 1940년 제2차 고노에 후미마로(近衛文麿) 내각 때 신체제 운동을 추진하고자 결성된 전체주의적 성격을 가지는 정치결사 대정익찬회(大政翼贊會)를 가리킨다. 군부에 이용되어 국민들을 전쟁에 동원하는 핵심기구로서 존재하다가 1945년 3월에 해산.

확신이 있기 때문에 하고 있는 것입니다. 최근 남방문제가 매우 떠들썩해졌기 때문에 여러분도 이에 주의를 하고 있다고 생각하는데, 내 자신은 솔선하여 남방의 개척을 하고 있는 실행가입니다. 따라서 남방문제를 말씀드릴 때에는 내 자신의 경험을 자연히 언급할지도 모르지만 제군은 유명한 강연자 또는 학자 등의 이야기는 많이 들으셨을 것입니다. 우리들과 같은 실행가, 일을 하고 있는 자, 말로 하기 보다 실행하고 있는 자의 이야기도 또한 참고가 되실지도 모른다고 생각하기 때문에, 너무 학자적인 말, 또는 강연자류와 같은 이야기는 하지 않겠습니다. 여기저기에 에피소드를 더해 이야기를 하는 편이 제군들이 다소의 감명을 가질 수 있을 거라고 생각하기 때문에 그러한 기분으로 말씀드리기로 하겠습니다.

내가 남방에 개척 사업을 시작한 것은, 어떠한 동기인가라고 하는 점을 간단하게 말씀드리고 싶습니다. 나는 소년시대에 군인에 뜻을 두었던 자입니다. 우리들이 젊을 때에는 아직 일본이 작았기 때문에 일본은 크게 하자라고 하는 것이 우리들 소년의 희망이었습니다. 수많은 동료들은 모두 육군사관학교에 들어갔습니다. 그러나 그 당시 육군에 들어가는 일은 쉬웠습니다. 해군은 이에 반해 곤란했습니다. 해군병학교(海軍兵學校)는 우리들 시대에는 겨우 20명밖에 뽑지 않았습니다. 희망자 1천 4,5백 명 중에서 20명을 뽑았기 때문에 용이하게 들어갈 수 없었습니다. 그런데 남이 하지 않는 일을 하는 것이 남자라고 하는 게 우리들의 명분입니다. 수많은 사람들은 쉬운 일을 좋아하고 어려운 일을 하고 싶어 하지 않지만 우리들은 그 반대다, 쉬운 일은 누구든 한다, 불가능한 일을 하는 게 남자라고 하는 명분입니다. 간단한 이유입니다. 모두가 육군에 들어감에도 불구하고 나는 해군에 들어갔습니다. 그렇게 하여 해군병학교에 들어가 있는 동안에 청일전쟁이 일어났습니다. 마침 어제 제3주기의 위령제가 있었던 고 가토 히로하루(加藤寬治)[2] 대장, 그가 우리들의 맨 위 학년이었습니다. 나는 가토 대장보다 3년 후배였습니다. 그래서 가토 등은 청일전쟁에 갔지만 나는 전쟁에 갈 수 없었습니다. 원래 전쟁에 가기 위해서 중국을 정벌하기 위해서, 그 당시에는 정벌이라는 말을 사용하고 있었는데, 중국을 정벌하기 위해 군인이 되었습니다. 그러한 전쟁에 갈 수 없다면 그만두고 가자라고 하였기 때문에 학교를 그만두었습니다. 그만두고 중국에 갔습니다. 그것이 중국으로 가는 시초였습니다.

제군이 알고 있는 상하이의 동아동문서원(東亞同文書院) 등은 내가 그 창립자 중 한 명입니다. 그 서원의 모체인 동아동문회의 창립은 1898년 가을로 이제 44년이 되었는데, 당초부터 그 간부 중 한 사람으로서 남아 있습니다. 제군은 상당한 연배인 것 같은데 인간에게는 감격이 없어서는 안 됩니다. 젊을 때의 감격, 나는 해군을 그만두고 도쿄로 가서, 그 당시 정치경제를 하는 학교는 지금의 와세다(早稻田)대학의 전신 도쿄전문학교(東京專門學校)밖에 없었습니다. 물론 제국대학은 있었지만 나는 이미 병학교 즉

....
2 1870-1939. 일본의 해군 군인으로서 해군대장까지 올랐다.

고등학교에 들어갔고 따라서 다시 고등학교에 들어가 제국대학에 들어가는 일은 매우 시간을 소모하는 일입니다. 빨리 중국으로 가고 싶었기 때문에 그렇게 시간을 허비하고 있을 수 없었습니다. 그렇다면 와세다의 전문학교밖에 없었습니다. 그곳에 영어정치과라는 곳이 있었습니다. 원서로 정치학을 합니다. 그 당시에는 일본의 말로 쓴 정치학은 없었습니다. 영어정치과라는 곳이 있어서 그곳에 들어갔습니다.

이보다 먼저 그곳에 들어갈 작정으로 상경하는 도중, 육군 대위를 그만두고 교토(京都)의 나코지(若王寺) 산중에 들어가 있었던 아라오 세이(荒尾精)[3] 선생을 방문하였습니다. 아라오 선생에 대해서는 제군들이 알아두지 않으면 안 됩니다. 아라오 선생은 38세로 대만에서 죽었는데 오늘날 아라오 선생이 점차 세상에 드러나기 시작했습니다. 이것은 내가 재작년 쓴 책입니다. 조금 참고가 될 것이라 생각했기 때문에 가지고 왔습니다. 아라오 선생은 아시아를 일으킨다고 하는 생각을 가지고 계신 분입니다. 나는 해군을 그만두고 아라오 선생은 육군을 그만 두었습니다. 그리고 아라오 선생은 37살이고 내가 19살이었습니다. 마침 저녁때부터 이야기를 시작하여 철야하여 13시간 동안 이야기를 하였습니다. 무엇을 이야기하였는가라고 하면 아시아를 일으킨다고 하는 이야기, 그래서 도쿄에

....

3 1859-1896. 육군군인이자 청일무역연구소(日淸貿易硏究所) 설립자로서 청일전쟁기에 청나라에 대해 영토 할양 요구에 반대하면 중국과 일본의 연대를 주장하였다.

가서 학문하기보다 자신이 있는 곳에 머물지 않겠는가, 자신이 있는 곳에 흥아학원(興亞學院)이라는 것을 만들 작정이므로 자네의 친구를 모으지 않겠는가라고 하여 나는 매우 감격하여 상경을 중지하고 드디어 아라오 옆에 있게 되었습니다. 그것이 청일전쟁 중입니다. 아라오선생으로부터 중국어를 배웠습니다. 아라오선생과 더불어 좌선을 하였는데 우리들의 방식은 불교의 좌선이 아니라 양명학의 지행합일, 알았다면 이것을 실행한다고 하는 저 실천의 선과 같은 것이었는데 양명학의 수양을 한 것입니다.

그리고 그해 가을 대만에, 그 다음 해에 중국으로 갔습니다. 그것이 내가 해외로 나간 최초입니다. 중국으로부터 돌아와 와세다전문대학교에 들어감과 동시에 한편으로는 동아회(東亞會)라는 것을 만들었습니다. 그래서 내가 그 간사가 되어 중국혁신당의 강유위(康有爲), 양계초(陽啓超)라고 하는 중국의 혁신을 하였던 패거리가 모두 동료가 되었습니다. 우시코미(牛込)에 양산박(梁山泊)을 만들어 제국대 및 와세다의 학생 및 우(右) 혁신파의 중국인을 두었던 것입니다. 여기에 나와 있는 (책의 사진을 보이며) 손문이 있습니다. 손문이라는 자는 자네들은 이름은 알고 있을 것입니다. 중국의 첫 번째 혁명을 수행하고 대통령이 된 남자, 강유위는 중국의 혁신당의 수령인데 그 강유위의 제자들이 우리들과 동숙하였습니다. 그러한 관계로 매년 여름방학에 아시아를 순회한다고 하여 1897년에는 육군중장 가와카미(川上) 참모차장을 따라 시베리아, 가라후토(樺太)를 탐험하고 다음 해에는 북경에 갔습니다. 그때에 북경에서 이른바 정변이 일어나 혁신당의 계획을 서태후

(西太后) 및 원세개가 탄압하였습니다.

이래서는 안 되겠다고 하여 일본에 돌아와 만든 것이 동아동문회입니다. 동아동문회는 1898년 10월에 만들어졌습니다. 선대의 고노에(近衛)공[4] 아래에 우리들 동지들이 모여 이것을 만들었습니다. 선대의 고노에공은 36살이며 내가 최연소인 22살이었습니다. 바로 4, 5일 전에 죽은 오가와 헤이키치(小川平吉)[5]도 모두 함께였습니다. 그러한 식으로 하여 중국을 도운다고 하는 데에 방침을 정하였습니다. 중국을 돕고 조선의 시정을 개선한다고 하는 것이 동아동문회의 창립 목적입니다. 지금도 가스미가세키(霞が関)의 산초메(三丁目) 도쿄구락부(東京俱楽部)의 옆에 있는 저 건물이 곧 동아동문회의 근거입니다. 가잔회관(霞山會館)이라고 쓰여있습니다. 가잔이라는 것은 선대의 고노에공의 아호입니다. 그래서 1900년까지 대체로 동아시아를 보았으므로 1901년에 유럽으로 갔습니다. 유럽에서는 빈 및 베를린의 대학에서 경제, 식민을 전공하였습니다. 그 사이에 러시아는 물론, 중앙아시아 페르시아, 터키, 소아시아, 벵갈 등을 남김없이 조사하였습니다.

그리고 러일전쟁 전에 일본에 돌아왔습니다. 돌아오자 이누카이 쓰요시(犬養毅)[6] 선생이 샴의 고문이 되어 주었으면 한다고 말

....

4 1863-1904. 메이지시대의 화족(華族)이자 정치가인 고노에 아쓰마로(近衛篤麿)를 가리킨다. 제3대 귀족원 의장, 제7대 학습원원장, 제국교육회 초대회장을 역임하였다. 세 번에 걸쳐 수상을 역임한 고노에 후미마로(近衛文麿)의 아버지이다.
5 1870-1942. 일본의 정치가이자 변호사. 중의원 의원, 사법대신, 철도대신 등을 역임하였다.

하였습니다. 그것이 1903년 겨울의 일입니다. 그러나 나는 조선에 가지 않으면 안 되며, 조선을 처분하지 않으면 안 된다고. 이것이 동아동문회 창립의 목적입니다. 이누카이씨도 우리들의 선배로서 일을 함께 한 사람입니다. 그래서 러일전쟁이 없다면 샴으로 가겠지만 전쟁이 일어난다면 샴에는 갈 수 없습니다. 조선으로 가지 않으면 안 된다고 하였기에 조건부로 승낙하여 곧바로 재차 조선으로 건너갔습니다.

　건너가고 있는 동안에 러일전쟁이 일어날 상황이 되었기 때문에 되돌아왔습니다. 그래서 이번에는 체신성(遞信省)의 관계를 가지고 조선으로 갔던 것입니다. 또한 조선에는 우리들 동문회가 만들었던 학교가 세 개가 있었습니다. 일본어학교를 경성, 대구 및 강경에 가지고 있었습니다. 그 세 학교의 감독 및 체신성의 촉탁 관계로 조선에 갔습니다. 그것이 내가 조선에 재관(在官)하는 인연입니다. 즉 일본정부의 추천으로 메가타(目賀田)[7] 재정고문 아래에서 재무관이 되어 어느 경우는 중앙에서 어느 경우는 경기도 및 전라남도의 재정고문이 되었으며 지방 재정의 정리를 수행하였습니다. 1907년이 되어 한일간에 신조약이 이루어졌습니다.

....

6　1855-1932. 정치가로 1890년 제1회 중의원의원 선거 이후 낙선한 일 없이 당선되어 번벌(藩閥)정부에 반대하였으며 다이쇼 데모크라시(大正デモクラシー)운동을 위해 노력하였다. 1929년 입헌정우회(立憲政友会) 총재, 1931년 총리대신이 되었으나 5.15사건으로 청년장교에 의해 암살되었다.

7　1853-1926. 일본의 정치가이자 관료, 법학자이며 1904년 제1차 한일협약으로 조선에서 재정고문을 역임한 메가타 다네타로(目賀田種太郎)를 가리킨다.

왜냐 하면 조선의 황제가 헤이그에서 일본의 보호를 벗어나 중립이 되려고 한 일을 알았기 때문인데 과연 이토 히로부미(伊藤博文)도 이 사건에 대해 이래서는 안 된다고 생각하셔서 궁중의 개혁에 손을 대시게 되어 불초 나는 이토공의 발탁으로 이 지난한 궁중개혁을 담당하였습니다.

체재하기를 2년여 대체의 정리가 끝났기 때문에 1910년 봄부터 1911년에 걸쳐 두 번째의 세계주유를 하였습니다. 미국, 유럽, 아프리카, 그리고 아시아를 돌며 인도에서 미얀마, 영국령 말레이반도의 피낭에 상륙하였습니다. 그래서 말레이반도에 체재하는 동안 이미 조선의 병합이 이루어진 이상은 무슨 일이 있어도 남아시아로 뻗어나가지 않으면 안 된다고 생각했습니다. 아시아를 일으키는 것이 우리들의 목적이지만 나는 일본이 머리이고 중국은 동체이며 조선은 오른팔, 남양은 왼팔이라는 생각을 가지고 있었습니다. 그런데 중국 쪽은 일본의 정책이 흔들려 아직 일정하지 않고 유감스럽게도 사실 일본에는 중국에 대한 확고한 일관성 있는 국책을 아직 가지고 있지 않았습니다. 극소수의 사람들을 제외하면 오불관언의 태도를 취하고 역대의 정부는 항상 흔들리고 있었습니다. 지금이야말로 잘난 듯한 얼굴을 하고 있는 자도 있지만 그 대다수는 영국과 미국의 추수자이며 아시아 뭐라고 말하는 자는 없었으며 중국 뭐라고 말하는 자도 없었습니다. 우리들 극히 소수의 사람들만입니다. 선대의 고노에공을 비롯하여 지금 말한 이누카이 선생과 같은 매우 소수의 사람만이 아시아라고 하는 것을 말하고 있었습니다.

따라서 중국을 향해서는 첫째 일본이 국책을 정하지 않으면 안된다고 생각하여 우리들은 개인으로서 남아시아에 손을 대는 것이 흥아의 초지를 이루기 위해 가장 필요하다는 점을 깊이 느끼고 있었습니다. 그래서 싱가포르 바로 뒤의 조호르강이라는 강이 있습니다. 그 조호르강의 일각에 약 6천 에이커, 1에이커는 4만보(反步)입니다. 2,400정보(町步)의 토지를 조호르의 사탄에 영구 조차의 출원(出願)으로서 일본에 돌아온 것입니다. 그래서 조선의 관리를 그만두었습니다. 그 당시의 정부, 즉 가쓰라(桂) 총리를 비롯하여 나의 선배, 이래저래 20 몇 명이나 있었지만 누구도 나에게 관리로 남아있으라고 하는 자는 없었습니다. 누구 하나 일본에 있어라고 말하는 자는 없었습니다. 반드시 남방으로 가라고 하는 것이었습니다. 이와 같은 생각에서 나는 개인으로서는 무슨 일이 있어도 남아시아로 뻗어가지 않으면 일본은 잘 나가지 않을 거라고 생각하였습니다.

그래서 이것만은 제군에게 말하지 않으면 안 되는 것은 오늘 아침에도 나카무라(中村) 선생의 라디오방송을 오전 7시에 식사 중에 들었지만 나는 처음부터 남아시아로 뻗어나가는 일은 일본이 당연히 하지 않으면 안 되는 일이라고 믿었습니다. 그래서 이것은 나가미 시치로(永見七郞)[8]라는 남자가 쓴 나의 전기입니다. 10년이나 전에 쓴 것이지만 나는 1911년 6월 재차 남양의 개척지

....

8 1901-1993. 시인이자 아동문학 작가. 1942년에 이글의 필자인『흥아일로 이노우에 마사지(興亞一路 井上雅二)』(刀江書院)라는 책을 간행하였다.

로 향할 때에 즈음하여 이세(伊勢)의 다이진구(大神宮)에 참배하여 맹세하였던 그 맹세의 말이 여기에 나와 있습니다. 읽어보도록 하겠습니다.

우리 신국(神國)의 오늘이 있음은 조종(祖宗) 3천년의 유열(遺烈)에 의한 것임을 배찰(拜察)한다. 신국의 운명으로 금후 점점 개전(開展)하여 동서문명의 조화자가 되어 마침내 사해형제, 만국일치의 경지에 도달하지 않을 수 없다. 되돌아보면 원구(元寇)의 전역(戰役), 쓰시마(対馬)의 싸움[9] 모두 신령의 가호에 의하지 않은 것 없으며, 오늘날의 성대(盛大)를 이루기에 이르렀다. 다행히도 이 성세에 태어나 신국의 백성인 자는 국운신장을 위해 일신을 바치지 않을 수 없다. 미신(微臣)이 연소할 때 뜻을 세워 분발하여 여러 번 만국을 주유하여 사도(士道)를 연마하고 지식을 함양하여 봉공의 성(誠)을 다하기 위해서 신고(辛苦)하기를 17년, 신국 영원의 초석을 세우는 일은 남아시아의 경영에 있음을 확실히 알 수 있었다. 지금 미신(微臣) 등이 앞장서서 그 땅으로 가서 마음을 북돋우고 몸을 부수어, 신국 자향(自享)의 광대한 계획을 익찬하려고 하는 데 당면하여 공손하게 신 앞에 무릎을 꿇고 적성(赤誠)을 피력하옵니다. 우러러 바라기를 신령들은 미신들의 지성을 불쌍히 여기시어 이 뜻을 이루도록 해주시기를.

이와 같이 이세다이진구 앞에 동지 청년들을 데리고 가서 맹세를 한 것입니다. 지금부터 32년 전의 일입니다. 그러한 식으로 하여 1911년 6월에 남양에 가서 지금 말씀드린 조호르 일각에 개

----

9 1274년 원나라와 고려군이 2번에 걸쳐 일본에 침략한 사건을 가리킨다.

척의 발걸음을 내딛었습니다. 창업할 때의 일은 시간이 없기 때문에 말씀드리지 않지만 어쨌든 코끼리와 호랑이를 상대로 하여 정글을 개척하여 1년 정도 사이에 해안으로부터 약 1마일 정도 내륙에 바라크식 기숙사를 세웠습니다. 그래서 그때 청년이 15, 6명이 있었는데 그들과 더불어 중국인과 말레이인을 상대로 하여 개척 사업을 수행하였습니다. 그 바라크 건물은 마침 한가운데가 베란다로 되어 있어서 양측에 8조 다다미, 그리고 6조 다다미 정도의 방이 있었습니다. 또한 뒤편에 쭉 양 날개가 있어서 그곳에 6조 다다미 정도의 방이 6개 있었습니다. 그래서 대개 방 하나에 2명씩 정도가 들어갔습니다. 베란다 뒤쪽에 식당이 있었습니다. 식당 겸 회의실 겸 담화실이라고 하는 식이었는데 그 식당 위에 그러한 잠언(箴言)을 내걸었습니다.

첫째는 입지(立志), 입지가 인간에게 필요하며 모두 뜻을 세우지 않으면 안 됩니다. 이 입지는 어떠한 생각으로 우리들이 여기에 왔는가라는 점을 그 당시 대학을 나온 청년들에게 내가 말해 들려주었습니다. 즉 조종(祖宗) 3천년의 유열에 의해 야마토 민족 향천(享天)의 명운을 개척하기 위해, 남양에 온 것이라는 점을 명심해야 하며, 이 어구를 첫 번째로 내걸고 있었던 것입니다. 그리고 매일 1회 정좌를 합니다. 마침 제군이 하고 있는 대로 정좌를 합니다. 매일 몇 시로 제한하지 않고 정좌 1회 정도를 올바르게 하여 목숨을 집중하고 세발솥을 진정시키게 될 것이라고 하는 자도 있습니다. 이는 청조(淸朝) 중흥의 원훈 증국번(曾國藩)이 일찍이 역설하신 바이며, 아라오 선생이 또한 이를 계승하셨습니다.

아라오 선생은 사이고 난슈(西鄕南州)[10] 선생의 지도를 받으신 분입니다. 즉 사이고 난슈 선생, 아라오 선생, 증국번 선생이 가르치신 말이며, 나도 그것을 승계하여 여기에 내걸었습니다. 또한 양기(養氣)라고 하는 것, 양기라고 하는 것은 무엇인가라고 하면, 시시각각으로 유희하여 모름지기 세계를 탄토(呑吐)해야 한다는 것입니다. 우리들은 소년 시절부터 세계를 탄토하고 있었습니다. 그것을 하라고 하는 점을 청년들에게 권장한 것입니다.

그리고 또한 경학(經學), 경을 배운다고 하는 것은 인간이 힘써야 할 길입니다. 논어라도 좋고, 맹자라도 좋으며 항상 언제라도 좋으니까 가령 10분이든 20분이든 인간의 길을 배우는 것을 가르쳤습니다. 동시에 매일 역사를 읽습니다. 무슨 일이 있어도 서로 역사를 읽지 않으면 안 됩니다. 오늘날 우리들의 가장 큰 결점은 역사를 알고 전통을 알지 못한다는 점입니다. 자칫하면 유물사상이 되는 것은 그것이 시초입니다. 일본의 젊고 머리가 좋은 자 중에 공산주의자가 된 자는 많이 있습니다. 그러한 현상이 왜 일어나고 있는가라고 하면 역사를 알지 못하고 전통을 알지 못하기 때문입니다.

우리들의 황실중심주의는 3천년의 전통입니다. 그렇기 때문에 무슨 일이 있어도 역사를 알지 않으면 안 됩니다. 메이지유신은 왜 일어났는지, 미토학(水戶學)은 어디에서 일어났는지요? 대일본사(大日本史)를 저술하여 미토의 후지타 도코(藤田東湖)[11] 선생 등이

....

10 1828-1877. 메이지유신에 기여한 무사이자 군인, 정치가인 사이고 다카모리(西鄕隆盛)를 가리킨다.

처음으로 왕정복고의 기초를 구축하였습니다. 우리들 청년 시절에는 미토학을 크게 공부하였습니다. 12, 3살 때부터 하였습니다. 이토(伊藤)공이 19살 때 일본을 탈출하여 미국을 거쳐 영국으로 가셨습니다. 무엇을 가지고 갔는가라고 하면 라이 산요(賴山陽)[12] 선생의 『일본정기(日本政紀)』를 가지고 가셨습니다. 우리들은 『일본정기』를 읽고 『일본외사(日本外史)』를 읽어, 그로 인해 우리들은 오늘이 있음을 알고 있습니다. 『일본외사』를 읽고 처음으로 황실이 존엄함을 알고 『일본정기』를 읽고 비로소 일본이 천하에 우월함을 알 수 있습니다. 그것을 우리들은 10, 11살 정도 때 읽어서 그 뒤의 일생을 지배하고 있습니다. 지금의 사람들은 대다수가 무관심한 듯합니다. 나는 고노에(近衛)공이 제1차 총리대신이 되셨을 때 공에게 말하였습니다. 당신은 이번에 대명을 받드셔서 내각 수반의 지위에 서게 되셨지만 틈이 날 때에 송나라의 명신언행록을 읽으십시오. 적어도 천하를 요리하는 자는 송나라의 명신언행록 정도는 숙독하여 정치의 요체를 체득했으면 합니다라고 말한 적이 있습니다. 하등 송나라의 명신언행록에 한하지 않고 고래 아시아의 사상, 또한 일본의 사상을 고취할 수 있는 훌륭한 책은 많이 있습니다.

　그렇기 때문에 반드시 매일 20매는 읽어, 독사(讀史) 매일 20매

---

11 에도(江戶)시대 말기 미토번사(水戶藩士). 미토학 후지타파(藤田派)의 학자로서 존왕양이운동의 사상적 기반을 구축하였다.
12 1781-1832. 에도시대 후기의 역사가이자 사상가. 그가 지은 『일본외사(日本外史)』는 에도막부 말기의 존왕양이운동에 절대적 영향을 끼쳤다.

를 밑돌지 않도록 나의 남양 사업지에 내걸어 두었던 것입니다. 마지막으로 일기를 쓴다, 매일 자신이 느낀 것, 처신에 실수가 없었는지, 말에 실수가 없었는지, 처신이나 말뿐 아니라 마음에 사념을 일어나서는 안 됩니다. 즉 이것은 잘못되었다고 생각하면 모두 적어 둔다고 하는 점을 수양의 하나로 만들었던 것입니다. 나는 1898년 이래 40수년 동안 하루라도 일기를 빠트린 적은 없습니다. 끊임없이 감상록을 써 두었습니다. 몇 천 장이 되었는지 모릅니다. 어제도 기원절로서는 드물게 집에 있어서 백인의 아시아 침략사와 여타 책을 읽고 저녁이 되어 문득 느낀, 즉 기원절의 한때라고 하는 느낌을 써두었습니다.

어떠한 것을 써두었는가라고 말씀드리면, 두말할 필요도 없이 처음으로 중국에 가서 오늘까지 약 48년이 되고 남양에 개척사업을 일으키고 나서 32년이 됩니다. 최근에 필리핀이 일본의 점령지가 되어 겨우 25세로 죽은 스가누마 다다카제(菅沼貞風)[13]군에 대한 이야기가 제군의 귀에 들어가게 되었습니다. 스가누마 다다카제 군은 대학의 고전과를 나와서 얼마 전에도 라디오방송이 있었으므로 들으셨을 거라고 생각하는데 "北極之南南極北, 地勢雄潤多島國. 久抱遠交近攻謀. 欲向何處展我力" 그래서 그 결국에 "眞菲之麻足以繫日本之旗"라고 노래하였습니다. 불행하게도 그는 25살로 마닐라에서 죽었습니다. 그는 하등 대단한 일을 한 적이 없었던 남자입니다. 아직 25살이라고 하면 청년입니다. 그러나 오늘날

....
13 1865-1889. 일본의 경제사가이자 저술가이며 초기 남진론자이다.

스가누마 다다카제군에 관한 것이 제군 앞에 크게 나타났습니다. 스가누마 다다카제군은 그때 이미 필리핀을 독립시키지 않으면 안 되고 그래서 일본이 이를 지도하지 않으면 안 되며, 이를 위해 필리핀에 일본인을 많이 보내지 않으면 안 된다고 주장하고 있었던 것입니다.

뜻하지 않게 다다카제군의 사후 18년째인 1907년이 되어 나와 동향의 오타 교사부로(太田恭三郎)군, 그는 도쿄고등상업학교를 중도에 퇴학한 남자인데, 노동자를 이끌고 마닐라 곁의 벵게트 로드(Benguet Road) 건설에 가서 도로 건설을 마치고 나서는 민다나오섬의 다바오(Davao)로 옮겨 행상을 시작했습니다. 반은 행상, 반은 노동자를 이끌고 외국인 농원에 일하게 했습니다. 그리고 마(麻) 재배가 매우 적당함을 알고 오타흥업회사를 만들었습니다. 이것은 단지 20만 엔의 회사입니다. 그것이 1907년인데 뜻하지 않게 1924년이 되어 내가 해외이주개척의 중앙기관인 해외흥업회사(海外興業會社)의 사장에 취임했습니다. 그런데 해외흥업회사가 오타흥업회사를 컨트롤하고 있습니다. 지금 소개가 있었던 대로 나는 현재 동양척식(東洋拓殖)의 상무고문인데 동양척식의 손을 거쳐 해외흥업회사에 정부의 돈이 500만 엔이 들어가고 있었습니다. 그중에서 몇 십만 엔이 오타흥업으로 향하고 있었습니다. 따라는 나는 오타흥업회사를 후원하게 되었습니다. 그 때문에 당시 나는 일면 중의원의 의원이기도 하였지만 임시회의가 끝났기 때문에 곧바로 1924년 7월 다바오로 가서 그 상세(狀勢)를 조사하였습니다. 그런데 이곳은 좋은 곳이며 척지(拓地) 식민을 하는 데 매우 좋은 곳이라고 생각하였습니다.

왜냐 하면 조호르 방면은 토지가 낮고 말라리아가 있어서 이주를 하기에는 상당히 곤란합니다. 물론 해 보았습니다. 일본인 100명 정도 넣어 보았지만 조호르에서는 아무래도 잘 되지 않았습니다. 그러나 나로서는 개척을 한다고 하는 것만이 아닙니다. 일본인을 세계 전체에 이식한다는 것이 나의 목적이자 도락입니다. 따라서 남양방면에 대해서 조호르는 잘 진척되지 않았지만 다바오에 가보자, 이곳은 매우 좋아서 척지식민이 가능하다고 생각하였습니다. 적극적으로 오타흥업회사를 원조하여 내가 해외흥업회사 사장 재임 중 12년 동안 약 1만 명의 사람을 보냈습니다. 내가 갔을 때에는 4천명밖에 있지 않았습니다. 그런데 나는 1936년까지 해외흥업회사을 맡고 있었는데 재임하고 있는 동안 1만 명을 다바오에 보냈습니다. 오늘날에도 약 1만 8천명이 남아서 하나의 거대한 일본촌이 만들어져 있습니다.

오늘날 필리핀을 일본이 점령하고 있는 상황에서 어떠한 방침으로 나올지라는 점에 대해서 우리들이 생각하고 있는 바는 무슨 일이 있어도 민다나오섬은 독립의 구역으로 하는 것이 좋습니다. 즉 민다나오섬은 그 바깥과는 달라 이른바 주민은 모로(Moro)족을 주로 하고 종교는 회회교, 또한 무신교도도 있습니다. 저 커다란 섬에 인구는 극히 희박하기 때문에 이 토지는 일본인 및 필리핀인의 공동 개척지로 하지 않으면 안 된다고 하는 점을 정부에도 건의하였습니다. 그러한 식으로 방침을 정해 주었으면 하고 생각하는데 그 기초는 누가 만들었는가라고 하면 오타 교사부로군입니다. 오타군의 시초는 누구인가라고 하면 스가누마군입니다. 또한 아라오 선생에 관해서 인데, 아라오 선생은 지금 말한 대로 나는 선생이 37살이었을 때 1년 가까이 침식을 함께하였습니다. 선생은 그 다음해인 1896년에 상하이로 가서 계속하여 대만으로 건너 가셔서 일본과 대만의 융화에 진력하시고 재차 중국대륙으로 건너가려고 할 때 타이페이에서 페스트로 돌아가신 것입니다. 그때 페스트라고 하는 것은 일본에서 그다지 알려지지 않았습니다. 선생은 높은 발열이 있었기 때문에 사람들은 말라리아 같은 것이라고 생각하고 있었습니다. 겨우 일주일 만에 돌아가셨습니다.

선생의 문하는 많이 있습니다. 선생은 1890년부터 3년간 상하이에 무역연구소를 일으켜 그 연구소를 졸업한 자가 청일전쟁에 매우 공로가 있었음은 제군도 잘 알고 계시겠지만 지금도 생존하고 있는 자는 5,60명은 있습니다. 나는 지금 말씀드린 대로 교토에서 하룻밤 철야하며 이야기를 나눈 그 인연, 그 감격으로부터 나의 젊은 피는 들끓었기 때문에 결국 하룻밤 마음의 담화가 예정하였던 도쿄 상행을 멈추고 선생 밑에서 가르침을 받기에 이르렀던 것입니다. 인간은 꿈이 없으면 안 되며 감격이 없으면 안 됩니다. 지금이야말로 선생, 선생이라고 떠들썩하게 세평에 오르지만 그당시 아라오 세이 따위 알고 있는 자는 적었습니다. 너무나 유감스럽게 생각하여 나는 조선의 궁내부 서기관 시대에 점차 궁내부의 정리가 진척되어 다소 여유가 생겼기 때문에 1910년에 『거인 아라오 세이(巨人荒尾精)』라는 선생의 전기를 썼습니다. 그것이 오늘날 아라오 선생이 이래저래 세상에 나타나는 거의 유일한 재료입니다. 그 아라오 선생이 중일전쟁이 일어난 이래 처음으로 세상에 부상하여 도처에서 아라오 선생의 이야기를 듣게 되었습니다. 아라오 선생은 나고야에서 태어났는데 나는 3년 전에 나고야에 가서 나고야의 유력자를 모았습니다. 나고야는 아라오 선생이 태어난 곳입니다. 그런데 나고야 제군은 아라오 선생에 대해 알지 못하는데 아라오 선생은 아시아를 일으킨 선각자이며 이러한 선생의 현창사업을 하면 어떤가라고 말하였습니다. 그때 나고야의 사람들은 매우 찬성하여 곧바로 아라오 선생의 현창회안이 만들어졌는데 아직 실행에 이르지는 못하였습니다.

그런데 작년 11월 나는 대만총독으로부터 초대를 받아 대만에 새롭게 만들어진 임시대만경제심의회(臨時臺灣經濟審議會)의 위원으로서 도석했을 때 마침 타이페이에 도착하자 즉일 대만군 참모장인 와치(和知)육군소장을 만났습니다. 와치군은 중일전쟁 이래 제1선 부대에서 활동하고 있는 남자입니다. 그 와치참모장을 만났을 때 그가 말하기를, "이노우에씨, 아라오 선생의 기념비가 없군요."라고 하였습니다. 와치군은 아직 젊은 남자이지만 과연 중국에 관계가 깊은 우수한 남자이기 때문에 아라오 선생에 대해서는 잘 알고 있었습니다. 그러한 것을 나에게 말하였기 때문에 나는 그것은 좋은 일이다, 자네는 좋은 말을 해주었다, 과연 아라오 선생의 기념비가 없다, 곧바로 하자라고 말하였습니다. 곧 대만총독을 비롯해 대만관민의 주요한 동료들에게 상담하였는데 모두 이에 찬성하였습니다. 그리고 대만에 관민일치하여 아라오 선생의 현창회를 만드는 일이 결정되었습니다.

그래서 올 1월말에 나고야로부터 초청을 받았는데 마침 나고야에 가기 전날에 이에 관한 편지를 대만으로부터 받았습니다. 그래서 나고야에 가서 나고야의 유력자가 모인 석상에서 대만 쪽에서는 이와 같이 10만 엔으로 선생의 동상을 짓고 그리고 선생의 간단한 전기를 써서 전국의 초등학교에 배부한다고 말하였다고 전했습니다. 나고야는 벌써 3년이나 되는데 왜 빨리 되지 않는가라고 나고야의 유력자에게 말하였는데, 아니 이제 하시지요, 라고 말하므로 나고야에도 가능할 것입니다. 내가 아라오 선생과 함께 있었던 교토의 나코지 산중에는 물론 기념비도 있고 선생의 거지(居趾)도 남아 있습니다. 제군은 교토에 가신다면 반드시 참배를 부탁드립니다. 아시아를 일으킨 선각이 아라오 선생입니다. 그리고 선생은 겨우 38세로 죽었습니다. 살아 있는 동안에 별로 커다란 일을 한 자가 아닙니다.

선각자라고 하는 것은 그러한 것입니다. 스가누마군이든 오타군이든 아라오 선생이든 살아 있는 동안에 그다지 커다란 일을 한 사람은 아닙니다. 요절하여 시간이 없었습니다. 그러나 그 유열이 남아 점차 후세가 되어 세상의 이목에 접하게 됩니다. 그것을 어제 밤에 생각하였습니다. 아라오 선생은 이미 돌아가시고 나서 40 수년이 됩니다. 다행이 나는 건재하여 선생을 위해 진력할 수 있습니다. 또한 이 나이가 되어도 몸도 장건하여 국가를 위해 진력할 수가 있습니다. 너무나 감사하다고 생각합니다. 인간은 살아 있는 동안에 돈을 갖고 싶다거나 이름을 갖고 싶다거나 그런 것으로는 성공할 수가 없습니다. 오로지 우리들이 걸어야 할 길은 올곧게 이른바 장안(長安)의 대도를 직진하면 좋다고 하는 점을 느끼고 그것을 기록으로 남긴 셈입니다. 하나는 감격, 하나는 사명을 돌이켜 봅니다. 이를 위해서 기록을 남긴 셈입니다. 제군도 바라건대 지금 말씀드린대로 매일 일기를 쓰고 역사를 읽고 정좌하며 그리고 항상 열렬한 기력을 배양하여 시시각각으로 세계를 탄토(呑吐)했으면 합니다. 해병학교 시대에는 세계라고 하는 글자를 써서 "세계를 품는다"라고 말하고 있었습니다. 내가 16살 정도의 시절이었습니다. 점차 기력이라고 하는 것이 신념이 되어 뻗어 가고, 죽을 때까지 이 신념 기백을 가지지 않으면 안 된다고 하는 점을 여러분들에게 권유하고 싶습니다. 아주 길어졌지만 우선 무엇을 위해 남아시아에 손을 댔는지에 대해 말씀드릴 필요가 있기 때문에 자연히 나의 이야기를 언급한 셈입니다. 이것이 전제이기 때문에 용서 부탁드리고 싶습니다.

2

그래서 본론에 들어가는데, 『아시아의 내막(Inside Asia)』이라는 책을 쓴 존 건서(John Gunther)[14]이라는 남자가 있습니다. 그는 『유

....

[14] 1901-1970. 미국의 저널리스트이자 논픽션 작가로서 세계정세 및 정치와 관련한 '내막기사'로 유명하다. 저서로는 『유럽의 내막』(1936), 『아시아의 내막』(1939), 『라틴 아메리카의 내막』(1941), 『아메리카의 내막』(1946), 『아프리카의 내막』(1955), 『소비에트의 내막』(1958) 등이 있다.

럽의 내막(Inside Europe)』이라는 책을 쓰고 이에 뒤이어 『아시아의 내막(Inside Asia)』을 썼는데 그 존 건서는, 일본은 남쪽으로 서쪽으로, 다시 남서로 약진하고, 러시아와 조만간 다시 싸우며 뒤이어 영국과 충돌하고 만약 동쪽으로 나아가면 미국과 대립한다고 이렇게 말하고 있습니다. 그런데 오늘날 영미를 진멸(殄滅)시키기 위해 일본은 전력을 다해 싸우고 있는 것입니다. 그는 또한 아시아라고 하는 것에 대해 다양하게 아시아의 모습을 비평하고 있습니다. 그 점을 지금 하나하나 말씀드릴 시간은 없지만 근대 아시아의 역사라고 하는 것은 아시아가 풍부한 자원을 가지고 있어서 이를 약탈하려고 하는 유럽의 아시아 침략사라는 게 첫 번째 특징이라고 말하고 있습니다. 두 번째로 아시아는 종교적으로 억압된 대륙이라는 점을 말하고 있습니다. 종교적 억압이라고 말하는 것은, 혹은 회회교, 혹은 불교, 혹은 힌두교, 브라만교 등을 가리키는 것이라고 생각합니다. 이 설명은 시간이 없기 때문에 그만두겠습니다. 세 번째로 아시아는 서양보다 가난한데 그 원인은 인구가 늘어나기 때문이라고 합니다. 이점에서 말하면 우리들은 인구가 늘어나는 게 좋지만 일면 아시아가 빈곤한 것은 인구가 늘어나기 때문이라고 존 건서는 말하고 있습니다. 네 번째는 아시아의 민족 정신은 의외로 열렬하다는 점입니다. 이는 일본이 아시아에서 굴기한 이래, 아시아의 제민족은 일본을 바라다보며 민족운동도 점차 맹렬해진 것을 말하는 것이겠죠. 또한 다섯 번째로 아시아는 가족적인 단결력이 강하다는 점입니다. 이는 확실히 말할 수 있으며 서양의 개인주의와 다릅니다. 여섯 번째로 개성의 중요성은 유럽과 마찬가지이며, 아시아에도 독재주의의 신자가 많다는 점을 말하고 있습니다. 예를 들면 장개석과 같은, 간디와 같은, 마누엘 루이스 케손(Manuel Luis Quezon y Molina)[15]과 같은, 이븐 사우드(Abdulaziz bin Abdulrahman bin Faisal Al Saud)[16]와 같은, 혹은 페르시아의 팔레비(Riza Shah Pahlevi)[17]와 같은 자라는 점을 말하고 있습니다. 그리고 그 뒤에 말하고 있는 것으로는 아시아는 전체적으로 뭉치기 어렵다는 점입니다. 아시아는 매우 커서 유럽은 아시아의 반도에 지나지 않는데 따라서 유럽은 하나이며 '유럽의 마음'이라는 것은 말할 수 있지만 '아시아의 마음'이라는 것은 말할 수 없다고 합니다. 그리고 마지막으로 일본은 약진한다는 점을 말하고 있습니다. 이러한 의견은 외국인이 본 바이지만 대략 일본의 특징을 나타내고 있는 듯 하므로 이점을 여기에 말씀드려 두겠습니다.

다음으로 여러분에게 말씀드리지 않으면 안 되는 점은 현재의 우리들의 목표입니다. 목표는 두말할 필요도 없이 대동아공영권

....

15 1878-1944. 필리핀 연방공화국의 초대 대통령. 1899년 에밀리오 아귀날도의 혁명군에 참가하였으며, 1907년 제1회 총선거에 즉시 독립을 요구하는 국민당에서 출마하여 국민의회 의원에 당선되었다. 1916년에 안정된 정부 수립을 조건으로 장래의 독립을 보장하는 필리핀 자치법 성립에 진력하고, 1935년에 새로운 헌법이 국민투표로 비준되어 총선거를 통해 미국의 보호를 받는 필리핀 연방공화국의 초대 대통령을 역임하였다.
16 1880-1953. 사우디아라비아 왕국의 건설자이며 재위기간은 1932년부터 1953년까지이다.
17 1878-1944. 페르시아의 카잘 왕조를 무너뜨리고 황제가 되어 1935년 나라 이름도 페르시아에서 이란으로 고쳤다. 널리 이란의 팔레비 왕조의 창시자로 알려져 있으며 재위기간은 1925년에서 1941년까지이다.

건설, 또한 동아신질서의 확립, 나아가 세계의 항구평화, 바꿔 말하면 팔굉일우(八紘一宇)라고 하는 우리 황도(皇道)의 현현에 있습니다. 이것이 목적인데 이를 위해서는 어떻게 하면 좋은가 하면 국방국가를 완성하여 영미를 철저하게 진멸하는 것이 첫 번째 수단이지 않으면 안 됩니다. 이와 더불어 우리의 점령지에 대해서는 덕을 가지고 그들 선주민족과 그 외의 인민에 대해 좋은 정치를 실시해야 합니다. 덕을 가지고 이들 점령지의 민족, 또한 아시아 민족을 안무해야 합니다. 이것이 가장 중요한 점입니다.

그래서 우선 최초의 힘을 가지고 이기기 위해서는 첫째 필요한 것은 정신력, 둘째 과학의 힘, 셋째 부(富), 물자의 힘 이 세 가지가 아니면 안 됩니다. 그리고 일본은 한편으로는 전쟁, 다른 한편으로는 건설인데 전쟁하면서 건설을 해가지 않으면 안 되며, 무슨 일이 있어도 장기전을 준비하지 않으면 안 됩니다. 다음으로 덕을 가지고 점령지 사람을 안무하기 위해서는 첫째로 질서, 우선 치안이 좋지 않으면 안 됩니다. 둘째로 권내의 민중을 안심시키는 것, 즉 안녕입니다. 셋째로 그들이 안심하며 생업을 즐기는 일입니다. 넷째로 그들과 우리들이 일심일체가 되어 행복을 향유하지 않으면 안 됩니다. 이러한 점이 덕을 가지고 안무하는 데 필요사항이라고 생각합니다. 이를 위해서는 일본인의 단점인 조급함, 사소한 일에 얽매이는 점, 이것을 가장 해서는 안 됩니다. 강매하는 것도 안 됩니다. 민족성은 서로 다른 전통을 가지고 있습니다. 각각의 민족이 각각의 전통을 가지고, 역사를 가지며, 풍습을 가지고 있는 이상은 조급함은 가장 해서는 안 됩니다. 또한 작은 일에 구애하지 않는 점, 사소한 일에 얽매이는 짓은 가장 해서는 안 됩니다. 대범한 인격을 가지고 그들을 대하지 않으면 안 됩니다. 고인이 남기 어구로 "빠르게 하려고 하면 달성할 수 없다. 작은 일을 보면 중대사가 이루어지지 않는다."라는 것이 있습니다. 진정으로 그와 같습니다.

이에 대해 생각나는 게 있는데 내가 1903년 겨울에 샴의 고문으로 가는 것을 그만두고 조선쪽으로 가게 되었을 때에 조선 처분안이라는 것을 썼습니다. 그 때에 동아동문회 간사장 네즈 하지메(根津一)[18]선생, 이분은 동문서원의 원장을 20여년 하고 있었기 때문에 여러분 중에서도 그 이름을 알고 있는 사람이 있을 겁니다. 네즈선생은 아라오선생과 일심동체로, 상해에 무역연구소를 일으키고 나중에 우리들이 동아동문서원을 만들었을 때 선생은 원장이 되어 오셨던 것입니다. (사진을 보이며) 이분이 네즈선생, 이것이 동문서원, 이분이 선대의 회장 고노에(近衛)공입니다. 이 네즈선생이 동문회의 간사장이며 나는 간사였는데 선생과 내가 상담하여 쓴 것이 조선 처분안, 조선을 보호국으로 하는데 어떻게 하면 좋은가라고 하는 점을 썼습니다. 그런데 하나 더 조선처분 문제에 대해 도리오(鳥尾) 장군[19]이 아타미(熱海) 별장에 계시기 때문에 장군의 의견을 들으면 어떨까라고 하므로 나는 장군을 만나러

---

18 1860-1927. 육군 군인이자 교육자. 청일전쟁에 종군하였으며 아라오 세이(荒尾精)의 친우로서 상해의 정일무역연구소(日淸貿易硏究所)를 운영하고 동아동문서원(東亞同文書院)의 1대, 3대 원장을 맡았다.

19 1848-1905. 육군군인이자 정치가인 도리오 고야타(鳥尾小弥太)를 가리킨다.

아타미에 방문하였다.

그 때, 장군이 말씀하시기를 처분안의 골자로서는 대체로 자네들이 말하는 대로 좋지만 세세한 부분은 말하지 않는 것이 좋다는 것이었습니다. 단지 가장 중요한 것은 평안, 함경 2도를 제어하여 장백산을 제압하기로 하고, 다른 6도에 대해서는 그들에게 맡겨 두는 게 좋다, 사소한 일에 얽매이지 않도록 하는 게 좋을 것이다, 구애되지 않는 태도를 가지고 하지 않으면 안 된다고 말씀하셨습니다. 이것이 바로 정치의 요체입니다. 오늘날에도 마음에 짚이는 데가 있습니다. 일본인은 너무 사소한 일에 얽매입니다. 이것이 왕왕 일본인들이 미움을 받는 원인이 되고 있으므로 이러한 점이 가장 안 된다고 생각하고 있습니다. 대범한 태도를 가지고 하지 않으면 안 됩니다. 나는 지금 말씀드린 대로 몇 십 년 동안 해외의 도처에서 개척사업을 일으키고 있는데 되돌아보면 일본인은 다른 민족을 너무나 알지 못합니다. 이것이 가장 큰 약점이라고 생각하여 2, 3년 이래 민족정책연구소를 일으켜 점차 민족정책을 연구한 결과를 발표하고 있습니다. 해외발전의 선구자로서 가장 큰 고뇌는 우리들 야마토민족이 다른 민족을 알지 못한다는 것이며 무슨 일이 있어도 다른 민족을 아는 일이 필요합니다. 이번의 의회에서 도죠(東篠) 수상을 비롯하여 정부 당국의 성명에 의해서도 또한 의회의 질문응답에 의해서도 대체 이점에 대해서는 상당히 주의를 하고 있으며 과거의 잘못을 재차 반복하지 않도록 하고 싶다는 기분이 관민 모두에 있음을 엿볼 수 있습니다. 그 점은 우리들이 매우 기뻐하고 있는 바인데 막상 제1선에 서 있는 자가 그만큼의 마음가짐이 있는가라는 하는 점은 아직 걱정입니다. 그렇기 때문에 무슨 일이 있어도 이 구애되지 않는 태도, 대범한 태도, 사소한 일에 얽매이지 않고, 강매하지 않는다는 기분을 가지고 다른 민족에 임하지 않으면 안 된다는 점을 말씀드려 두고 싶습니다.

이상은 일반론인데, 오늘날은 이미 싱가포르는 함락되고 있습니다. 실로 서로 뭐라고 할 수 없는 느낌이 듭니다. 나는 조호르에 개척사업을 일으키고 12년간 현지에 있었던 자입니다. 따라서 싱가포르와 조호르 사이는 몇 백 번 왕래했는지 알 수 없지만 오늘날 싱가포르 함락을 듣고 가장 감개가 깊은 사람 중 하나는 나일 거라고 생각합니다. 싱가포르에 대해 상기되는 점은 로버츠 원수의 이야기입니다. 로버츠는 제1차 유럽대전 때 영국 총사령관이었던 남자입니다. 남아프리카 전쟁에도 군사령관이 된 유명한 영국의 원수입니다. 그 로버츠 원수가 말한 것이 생각납니다. 그는 세계역사는 싱가포르에서 결정 난다고 말하였습니다. 왜냐 하면, 싱가포르에는 3대 특징이 있는데 첫 번째의 특징은 지리적 특징입니다. 해상에서 공격하는 것은 곤란하며 육상에서 남쪽으로 내려오는 방법 밖에 없는데 해상에서 공격하는 일은 곤란합니다. 그리고 싱가포르는 3천 마일의 통상로를 지배하고 있습니다. 싱가포르를 중심으로 하여 동쪽은 일본, 서쪽은 수에즈에 이르는 좌우 3천 마일의 통상로를 지배하고 있습니다.

두 번째의 특징은 싱가포르 배후는 안정되어 있다는 점입니다. 말레이반도에는 이집트라든가 이라크라든가 인도와 같이 성가신 정치운동은 없습니다. 세 번째 특징은 공군의 근거지로서 이상적입니다. 저 지브롤터(Gibraltar)에는 알헤시라스(Algeciras)에서 탕헤르(Tangier)에 이르는 사이에 설치되어 있는 독일 대포가 시종 지브롤터를 위협하고 있지만 싱가포르에는 그것이 없습니다. 게다가 싱가포르에는 영국함대의 저유소가 있어서 100만 톤을 싱가포르 섬 안에 저장하고 있습니다. 또한 선박 수리를 위한 커다란 선거(船渠)가 있습니다. 세계 제1이라고 일컬어지는 5만 톤의 부선거(浮船渠)가 있습니다. 싱가포르는 홍콩의 후위지점입니다. 또한 호주 방위의 요점입니다. 더욱이 말라카해협을 건너 콜롬보와 캘커타(Calcutta)를 옹호하고 있습니다. 인도 이서(以西)와 중국 이동(以東)에 대한 무역의 분기점입니다. 이러한 3대 특징을 가지고 있어서 모두 일본에 대한 무언의 위협이라는 점을 로버츠 원수는 말하고 있었던 것입니다.

그런데 우리 황군이 배후에서 느닷없이 상륙하여 마침내 손쉽게 조호르 수도(水道)를 건너 싱가포르 섬에 왔습니다. 어제는 부킷 티마(bukit timah)를 점령했는데 저 부킷 티마의 산에 약 50에이커의 토지를 저의 회사가 가지고 있어서 그곳에 작은 바라크를 세워 내가 싱가포르에 나가면 그곳에 가서 자주 쉬고 있었습니다. 그 토지는 나중에 다른 사람에게 팔아버렸는데 그곳은 싱가포르 섬 중에서 가장 높은 곳으로 180미터 정도입니다. 그것을 점령했다고 하는 것이 어제 신문에 나왔는데 내가 가서 늘 머문 곳에서 인연이 있었던 장소, 나에게는 감개가 한층 깊은 셈입니다. 그러한 이유로 로버츠 원수가 3대 특징이라고 하여 난공불락을 자랑한 저 요충지역이 얼마 안 되는 날짜 사이에 황군의 수중에 떨어지려고 하고 있습니다. 신문에 나타난 곳은 모두 우리들이 왕래한 장소입니다. 저 셀레타(Seletar)의 근거지에서도 600만 입방 킬로미터의 토지를 파내려가서 산을 옮기고 강을 메워 늪지대만으로도 이곳저곳 800만 입방 척(尺)을 메웠습니다. 지금 말씀드린 대로 100만 톤의 연료 저장의 탱크가 그곳에 있습니다. 땅 밑에는 화약고와 폭약 저장소가 있습니다. 이 셀레타 해군 근거지는 전체 약 21평방 마일의 지역이 있는데 그 바로 오른쪽, 약 3시간 가면 우리들의 농원이 나옵니다. 내가 12년 동안 있었던 곳은 조호르유역의 한가운데이며 저 지도에 나와 있는 반도의 가장 끝인 펭게랑(pengerang)이라는 곳은 요새가 되어 있습니다.

그곳은 우리들의 친구인 고 아쿠자와(愛久沢)[20]군이 처음으로 농원을 개척한 곳이며 몇 해 전 영국정부로부터 매수되어 요새가 된 곳입니다. 그것을 조금 거슬러 올라가면 곧 우리들이 개척한 농원이 나옵니다. 그래서 이 전쟁 발발 전에 싱가포르의 요새지대로부터 20킬로 이내는 일본인에게 퇴거를 명하였습니다. 그런데 우리들의 농원은 약 9천 에이커인데 반 정도만 그 구역에 들어갔습니다. 그래서 그 구역의 패거리는 모두 안쪽으로 퇴거시켰습니다. 9천 에이커이기 때문에 상당히 큽니다. 입구부터 안쪽까지 약 7마일 반입니다(탄성). 일본과 같은 작은 곳에 있는 자들은 조금도 알 수 없습니다. 일본인이란 어쨌든 작은 사람뿐이기 때문에 일본

....
20 1866-1940. 실업가로서 대만에서 농업을 경영하고 말레이반도에서 고무농장을 경영하며 산고공사(三五公司)를 설립한 아쿠자와 나오야(愛久澤直哉)를 가리킨다.

정도의 공간에 존재하며 잘난 체하는 표정을 짓고 있는 자들은 우스꽝스럽습니다. (웃는 소리) 마땅히 세계를 보아야 합니다. 그래서 그 구역 내의 자들이 퇴거를 명령 받고 어쩔 도리가 없으므로 스코틀랜드인을 사용하여 그를 부지배인으로 그 구역만을 지배하도록 해 두었습니다. 이번의 전쟁이 일어나고 나서 어디로 갔는지 알 수 없습니다. 일체 소식이 없습니다. 그렇지만 죽지는 않았다고 생각하고 있습니다. 우리들 회사의 전무는 이제 가까운 시일 내에 그쪽으로 갈 것입니다. 제1선의 사람들은 계속하여 돌아 갈 것입니다. 그러한 식으로 전쟁발발 전에는 모두 퇴거를 명령 받았습니다. 로버츠 원수가 그 정도를 말하고 있었음에도 불구하고 일본인에게는 대적할 수 없습니다. 나는 일본 군대의 무용뿐만 아니라 사령관인 야마시타(山下) 중장 등의 전략이 매우 좋지 않을까라고 생각하여 특히 감사하고 있는 자입니다.

3

그런데 싱가포르에 대해 말하면, 무슨 일이 있어도 래플스 (Thomas Stamford Bingley Raffles)를 말해야 할 것입니다. 스탬퍼드 래플스, 이 자가 싱가포르를 취하였습니다. 나는 여러 가지를 말 하지만 금후 일본인은 한층 위대해졌으면 하기 때문에 지적하는 것입니다. 영국인 중에도 매우 뛰어난 자가 있습니다. 래플스도 그 중 한 사람입니다. 제군은 래플스의 전기 정도는 읽은 적이 있었을 것이므로 알고 있겠지만 그는 승선(乘船)의 자식입니다. 서인도제도와 영국 본국 사이를 항해하는 작은 배의 선장의 자식 입니다. 일본에서는 가족을 배에 태우는 일은 없지만 영국에서는 가족을 배에 태우고 있습니다. 그렇기 때문에 래플스는 배 안에서 태어난 녀석입니다. 물론 아이 때부터 수재이며 그래서 젊을 때에 는 어떤 연고로 이탈리아 밀라노에 도제로 갔습니다. 그래서 동인 도방면 즉 인도방면이 장래에 매우 발전할 여지가 있음을 알고 그는 지원하여 인도로 건너갔습니다. 그리고 24세 때에 동인도회 사의 서기가 되었습니다.

그러는 동안에 나폴레옹전쟁이 시작되어 당시 인도총독인 로 드 민토(Minto)[21]에게 권유하여 자바를 정복하고 30살 때 자바의

----

21 1751-1814. 영국의 외교관이자 정치가. 코르시카 총독, 오스트리아 주재 공사 등을 거쳐 1807년에서 1813년까지 인도 총독이 되었다. 1810년 몰루카제도의 암 보이나를, 1811년 래플스를 파견하여 자바로 원정하여 이들 지역을 점령하였다.

부총독이 되었습니다. 자바의 부총독을 하고 있는 동안에 상당히 남양에 대해 연구하였습니다. 누구든 네덜란드령 인도에 오신 분은 래플스의 부인 묘지가 있음을 발견할 것입니다. 네덜란드령 인도 총독이 있는 곳은 바타비아에서 약 40마일 떨어진 보이텐조르흐(Buitenzorg)라는 곳에 있는데, 보이텐조르흐의 총독 관저 뒤에는 세계 제일이라고 일컬어지는 식물원이 있습니다. 그 식물원 안에 래플스 부인의 묘지가 있습니다. 작년에도 내가 갔을 때에 래플스 부인의 묘지에 참배하러 갔는데, 사랑하는 부인의 장례를 바타비아에서 치렀던 것입니다. 그러나 자바에서도 정치를 매우 잘 하였습니다.

그가 쓴『히스토리 오브 자바』라는 책은 얼마 전 내가 싱가포르에서 사려고 하였더니, 2책으로 600엔, 매우 비쌌습니다. 왜 비싼가라고 하면, 물론 골동품이기때문이기도 하지만 일면에서 보면 그만큼 가치가 있는 것입니다. 백년이 지난 오늘에 이르러서도 자바의 역사를 알고 자바를 통치하려고 한다면 우선 래플스의『히스토리 오브 자바』정도는 읽지 않으면 안 된다고 일컬어질 정도입니다. 그러한 식으로 그는 자바에서도 상당히 성적을 거두었습니다. 나중에 수마트라의 벤쿨렌 부지사가 되었습니다. 그러는 동안에 나폴레옹전쟁이 끝나고 말라카는 네덜란드의 것이었는데 영국이 취하였습니다. 수마트라와 자바는 네덜란드에 돌려주었습니다. 그는 벤쿨렌 부지사를 하고 있어서 동양에 진출하는 데 근거로 하면 좋은 지점을 찾아 매우 열심히 찾아 돌아다녔습니다.

우리 다케코시 요사부로(竹越與三郎)[22]는 1909년 무렵에 남진론이라는 책을 써서 일본은 순다(Sunda) 해협을 지배하지 않으면 안된다고 말하였습니다. 그러나 순다 해협보다 싱가포르 쪽이 훨씬 중요합니다. 그래서 래플스는 사방(Sabang)으로 할까, 리오 군도로 할까라고 여러 가지 생각하였지만 결국 싱가포르가 좋다는 데 결론이 난 것입니다. 싱가포르를 래플스가 점령하게 되었을 때에도 반대가 매우 많았습니다. 특히 말라카에 주재하고 있었던 주재관들은 그러한 의견에 반대하였습니다. 다행히 헤이스팅스(Hastings)가 인도총독을 하고 있었습니다. 이 헤이스팅스는 과연 달견이 있는 인물이었기 때문에 래플스를 도왔습니다. 그리고 이 무렵 신문에 나와 있는 조호르의 왕 및 싱가포르섬의 추장, 직접으로는 섬의 추장이 싱가포르를 지배하고 있으며 그 위에 서 있는 것이 조호르의 왕인데 그 교섭이 한창인 때 조호르 왕이 죽었습니다. 그리고 아이는 형제 2명이었는데 회회교의 습관으로서 부모가 죽었을 때 그 사해를 자신이 매장하지 않으면 왕위를 이어받을 자격이 없습니다. 형은 여행하고 있었고 아버지의 사해를 지키며 묘지에 매장할 수 없었습니다. 동생이 있었기 때문에 동생을 술탄으로 삼았습니다.

그 때에 네덜란드의 세력이 매우 강했습니다. 네덜란드인은 싱가포르에서도 조호르에서도 자신들의 보호국 정도로 이해하고 있

....

22 1865-1950. 메이지시대부터 태평양전쟁기에 이르기까지 역사학, 식민학자, 정치가로서 언론계를 리드하며 제국주의에 기초한 문명사관에 입각한 저술활동을 수행하였다. 1890년대에 이미 일본이 남양으로 진출해야 한다는 남진론을 주창하였다.

었습니다. 그래서 동생이 술탄으로 되었기 때문에 이것은 안 되겠다고 래플스는 생각했습니다. 그래서 급하게 형을 불러와 술탄으로 만들어 버렸습니다. 그리고 네덜란드인을 배척하고 싱가포르를 취하게 하였습니다. 약간 정도의 연금, 확실히 추장에게 3천 달러, 술탄에게 5천 달러의 연금을 주고 싱가포르를 획득한 것입니다. 그것이 1819년의 일이므로 지금부터 마침 123년 전의 일입니다. 그가 38세 때입니다. 싱가포르를 취하고 그곳에 근거지를 두게 되었는데 싱가포르의 토지가 매우 좋았기 때문에 계속하여 번창하였습니다. 작은 어촌에 지나지 않았던 곳이 얼마 지나지 않아 선박의 왕래가 빈번한 선착장이 되었다고 합니다. 그는 이와 같이 하여 곧 벤쿨렌 부지사를 그만두고 영국 본국으로 돌아가서 겨우 46살로 죽었습니다. 더구나 살아 있었던 동안은 이른바 예언자 세상에 받아들여지지 않는다는 말이 있듯이, 그는 유명한 어학자이자, 유명한 역사가이며, 또한 식물, 동물 등에 대해서도 각별한 조예를 가지고 있었던 사람임에도 불구하고 불행하게도 그가 오랫동안 모았던 자료 등은 이를 실은 배가 침몰하여 모두 없어져 버렸습니다.

돌아와서도 이미 부인을 잃고 재혼을 하였지만 런던 교외에서 매우 쓸쓸한 생활을 보내고 46세로 죽었습니다. 이른바 현세에서 보상받지 못하였지만 싱가포르가 점차 중요성을 더함에 따라서 점차 래플스의 이름이 이른바 엠파이어 메이커(제국건설자)로서 세상에 알려지게 되었습니다. 런던에 가면 브리티시 뮤지엄, 이것은 영국의 세계지배의 모습이 한 자리에 모여져 있는 커다란 박물관입니다. 그 중 동양의 부문에서는 래플스의 동상이 있으며 래플스의 기념품이 가장 앞에 눈에 들어옵니다. 또한 싱가포르에 상륙한 사람은 저 커다란 광장에 있는 래플스의 동상을 가장 먼저 볼 수 있습니다. 내가 늘 머무르는 곳은 래플스 호텔입니다. 래플스 박물관이 있고 래플스 대학이 있다고 하듯이 래플스의 기념물로 채워져 있습니다. 바로 그것입니다. 서로 생각하지 않으면 안 되는 점은 지금 살아 있는 동안에 일이 잘 진행되어 혹은 대관이 되고 혹은 뭔가 되어도 그러한 일은 필경 무엇이 되겠습니까. 대다수는 곧 잊혀져 버립니다. 가령 대관이 되든 무엇이 되든, 진정으로 황운(皇運) 익찬(翼贊)이라는 진정한 정치를 행한다면 그 남자는 불후로 남을 것입니다. 그렇지 않고 뭔가의 기세로 된 자는 이른바 불면 날아갈 듯한 사람입니다. 무엇이 남을까요. 도리어 요시다 쇼인(吉田松陰)[23]과 같이, 겨우 29세로 죽었지만 불후의 이름을 남기고 있습니다. 지금 말한 스가누마도 아라오 선생도 마찬가지입니다. 래플스도 겨우 46세로 더구나 역경 속에 죽었지만 그의 이름은 명백히 세계 역사에 남아 있습니다. 오늘날 우리 황군이 싱가포르를 점령하게 되어도 아마 래플스의 유물은 우리나라의 전통으로서 존중받게 될 것입니다. 나는 싱가포르를 생각할 때마다 래플스가 생각납니다.

----

23 1830-1859. 에도시대 무사이자 사상가, 교육자. 메이지유신의 이론가이자 정신적 지도자이며 막부 타도론자로 알려져 있으며 사숙(私塾)인 '쇼카손쥬쿠(松下村塾)'에서 메이지유신 당시 중요한 역할을 수행한 수많은 젊은이에게 사상적인 영향을 주었다.

4

　싱가포르에서 징검돌로 건너가는 곳이 즉 영국령 북보르네오입
니다. 영국령 북보르네오는 3개로 나뉘어 있습니다. 북보르네오는
특허회사가 지배하는 3만 평방 마일의 토지, 그리고 사라와크왕국,
이는 5만 평방 마일, 그리고 브루나이왕국, 이렇게 작은 영역이
세 곳입니다. 사라와크는 영국인의 자손이 왕이 되어 있습니다.
제1대인 제임스 브룩(James Brooke)이라는 자는 인도군의 퇴역 장교
로 상당한 모험 청년이며 퇴역하고 나서 남양에 와 사라와크의 토인
들이 반란을 일으켰을 때에 왕을 도와 반란을 평정하여 그리고 마침
내 라자(rajah)로 추대되었습니다. 라자라는 것은 술탄의 바로 다음
입니다. 인도에는 라자는 많이 있어서 작은 왕이라고 불리고 있습
니다. 그러한 라자가 되어 1888년에 독립을 승인 받고 한 병사였던
그가 영국으로 돌아오자 19발의 축포를 받은 '히즈 하이네스' 즉
전하가 된 셈입니다. 현재는 제3대째이며 제임스 브룩의 입장에서
보면 손자가 됩니다. 그 손자가 왕이 되어 있는 셈입니다. 브루나이
는 원래 컸지만 점차 침략을 받고 지금 가장 작아졌습니다. 역시
회회교의 왕인데 물론 싱가포르의 총독이 이곳을 지배하고 그 아래
에 자치를 실시하는 왕이 되어 있습니다.
　그리고 특허회사를 가지고 있는 북보르네오인데 이곳은 항상
내가 모두에게 말하는 바인데 1881년에 구스타프 오버베크(Gustav
Overbeck)와 알프레드 덴트(Alfred Dent)라는 두 청년이 술루 술탄
국(Sultanate of Sulu)으로부터 토지를 받아 그것을 기초로 하여 영

국으로 돌아가 북보르네오 조사회를 만들었습니다. 그리고 그 다음 해에 챠터드 컴퍼니(chartered company, 특허회사)를 만들어 그 특허회사가 지금에 이르기까지 그 토지를 지배하고 있는 셈입니다. 인구는 겨우 27만 명 정도 밖에 없습니다. 그러나 매우 좋은 곳이며 이곳에 일본인이 신장하는 일은 내가 옛날부터 주장하는 바입니다.

나는 1913년에 군함정을 타고 남양 전체를 구석구석 돌아본 적이 있습니다. 왜냐 하면 남방에 가더라도 연안해로가 없습니다. 또한 네덜란드 선박을 타고 가면 반년이나 일 년도 걸립니다. 한 달에 한 편 정도 밖에 다니지 않기 때문에 어느 장소에 머물러 있으면 다시 그 다음까지 한 달을 기다리지 않으면 안 됩니다. 바쁜 몸이기 때문에 도저히 그렇게는 할 수 없습니다. 그런데 1913년에 다카라베(財部)[24]대장이 해군차관이었을 때에 처음으로 군함정을 파견하여 남양전체를 순회한 것인데 그 때 나는 농상무성의 관계를 가지고 있었기 때문에 그에 편승하여 남양의 제도 전부를 약 두 달에 걸쳐 돌아다닌 적이 있습니다. 그 때에 마지막으로 산다칸(Sandakan)에 상륙하여 군함과 헤어져 구석구석 북보르네오 각지를 돌아다녔는데 매우 우대를 받았습니다. 모든 편의를 도모해 주었습니다.

그 사이에 제1차 세계대전이 일어났습니다. 그래서 나는 이 토지에는 일본인이 상당히 들어갈 수 있는 곳이라고 생각하였습니

....

24 1867-1949. 일본의 해군군인이자 정치가인 다카라베 다케시(財部彪)를 가리킨다.

다. 원래 척지(拓地) 식민이라는 것은 내가 생명으로 하고 있는 바입니다. 그렇기 때문에 일본인을 식민하는 데 매우 좋은 곳이기 때문에 일본으로 돌아와 당시의 오쿠마(大隈) 내각에 대해 이 북보르네오의 토지를 매수한다면 좋을 것이라고 건의하였습니다. 왜냐 하면 회사가 하고 있는 곳으로 더구나 1883년에 겨우 영국의 영토가 되었던 곳입니다. 일본은 영일동맹에 의해 참전하여 일본 해군이 인도양까지 지배하고 있을 때에 이를 약취하는 방식이 아니라 이곳을 양도해 받고 싶었습니다. 일본은 남방 발전을 하지 않으면 안 되기 때문에 이곳을 양도해 받았으면 하였습니다.

이 정도를 해도 좋을 것이라고 하는 것이 나의 신념이었기 때문에 당시의 오쿠마 내각과 상담한 것인데 오쿠마 내각은 실행하지 않았습니다. 일본의 힘이 부족하였겠지만, 뭐라고 말해야 좋을지, 남방으로 뻗어가는 일은 일본인의 선조 나라에 가는 것이라고 주장하고 있는 내 입장에서 말한다면 참으로 유감스럽게 생각하였지만 어찌 할 수 없었습니다. 다음 해에 남양협회로부터 북보르네오에 조사단을 파견하였을 때에 그 단장인 미호 고로(三穗五郎)로부터 정보가 왔습니다. 타와오라는 곳에 정부의 시험림이 있는데 그 시험림을 달라 컴퍼니의 홍콩지점장이 매수하려고 한다는 정보가 있었기 때문에 나는 이것은 안 된다고 생각했습니다. 필리핀에서 아주 좁은 해협을 사이에 두고 있는 보르네오에 대해 아메리카가 또한 손을 댄다고 하는 것은 우리들의 남방진출이 매우 곤란해지며 단연코 이를 배척하지 않으면 안 된다고 생각했습니다.

그렇기 때문에 당시 싱가포르의 히사하라(久原)광업회사 출장

소장을 하고 있었던 동향의 하야시(林)와 상담하여 이것을 히사하라씨가 매수하게 만들자고 제안했습니다. 시간이 다가오고 있고 아무 말 말고 돈을 내라고 하는 것으로 히사하라를 설득하는 것 외에는 방법이 없었습니다. 나는 싱가포르 방면은 모리무라(森村) 남작 등 우리들의 동료가 아직 창업기이고, 또 착수하고 5, 6년 밖에 되지 않은 견실한 행보를 하고 있지만, 우리들의 동료로서는 기초가 정착되기 전이라서 북보르네오로 뻗어나간다는 것은 모리무라씨도 나도 그것은 시기상조라고 생각했습니다. 그렇기 때문에 히사하라씨에게 부탁하게 되어, 어느 날 밤 오다하라(小田原)로 야마가타(山県) 원수를 방문하여 북보르네오를 무슨 일이 있어도 일본인이 이를 취하지 않으면 안 된다고 말하였습니다. 이를 취하는 방법에 대해서는 현재로서는 히사하라씨에게 부탁하는 것 외에 방법이 없다, 선후를 가리지 않고 몇 십만 엔이라는 돈을 낼 사람은 히사하라씨밖에 없으므로 히사하라씨에게 부탁하고 싶다는 점을 말씀드렸습니다. 그때 야마가타공는 매우 찬성하시어 곧바로 히사하라씨에 대해 그런 점을 말하였기 때문에 이것이 동기가 되어 북보르네오의 타와오 농원을 히사하라광업회사가 매수하였습니다. 오늘날은 닛산(日産)농림의 경영이 되어 아유카와 요시스케(鮎川義介)[25]의 손에 있지만 그 근원은 히사하라광업회사가 담당하였습니다. 그와 같이 히사하라광업회사가 손을 댔기 때문에 남진의 기지가 생겨나 다와오 방면에서 북보르네오 각 방면에 대

....

25 1880-1967. 일본의 실업가이자 정치가로 닛산(日産)그룹의 창시자이다.

해서는 점차 방인이 진출하게 된 것입니다. 1915년에 지금 말씀드린 남양협회의 조사단에 참여한 오리타(折田)라고 하는 해군 무관이 있었는데, 그가 또한 수산사업을 일으키게 되어 보르네오수산회사를 만든 것도 그때에 그 기원이 있었던 것입니다. 이 북보르네오라는 곳에 일본인이 생활하기 쉬운 곳이라는 점을 제군에게 말씀드리고 싶습니다. 고원이 있어서 그 고원 방면에는 일본인의 이주가 쉽다는 점을 말할 수 있습니다. 중요한 지점입니다.

5

다음에는 구 네덜란드 동인도로 옮겨 가겠습니다. 구 네덜란드령 동인도는 금후에는 이를 동인도라고 말씀드리기로 하겠습니다. 동인도는 남양의 중심지점이며 네덜란드인이 암본(Ambon)에 처음으로 동인도회사를 창립한 것은 16세기가 끝날 무렵이었는데 10년 정도 시간이 지나고 나서 자바의 바타비아 옆, 반탐(Bantam)에 상륙하여 바로 옆의 자카르타(즉 바타비아)라는 곳에 총독부를 설치한 것이 1610년이었습니다. 그리고나서 330년 동안에 자바를 중심으로 하여 가장 먼저 자바 개척을 하였습니다. 자바 및 마두라(Madura) 이외는 모두 외령(外領)이라고 합니다. 자바와 마두라가 자치체를 실시하고 있는데 그 외는 모두 외령이라고 합니다. 그렇기 때문에 동인도에서 가장 개방되어 있는 곳은 자바입니다. 이곳은 여기저기 5만 5백 평방 마일밖에 되지 않으며 4,600만의 인구가 있습니다. 일본의 인구밀도의 배에 해당합니다. 세계에서 인구밀도가 가장 높은 곳은 벨기에이고 두 번째가 자바입니다. 이 자바가 곧 동양의 낙원(가든 오브 이스트)라고 일컬어지는 곳입니다.

왜 그렇게 되었는가라고 하면 네덜란드인이 330년 동안 개척을 했기 때문입니다. 혹은 커피를 심고, 혹은 키나를 심고, 혹은 차를 심어 강제노동으로 선주민을 사용하여 경작시켜 생산한 경작물을 팔아서 그래서 본국에 가지고 가서 본국의 부를 증가시켰습니다. 즉 착취를 한 것입니다. 대체적으로 네덜란드의 정책은 영국 정책과는 다소 취향이 다릅니다. 마찬가지로 독재정치이지만, 자바의 방식은 또한 영국과는 다른 독재정치를 하였습니다. 자바도 점차 세상의 진보와 더불어 민족운동이 일어나 최근 30년 이래 인민회의, 네덜란드어로 '볼크스라드(Volksraad)'라고 하는데 인민회의를 일으켜 참정권을 부여하고 있지만 이것은 극히 제한적인 방식으로 의원이 선출되며, 또한 관선으로 뽑힌 자가 많기 때문에 총독이 실권을 장악하고 있습니다. 그래서 네덜란드령 인도의 총독이라는 자는 네덜란드인의 입장에서 보면 가장 명예가 있는 지위입니다. 현재까지 총독은 아직 겨우 52, 3세 정도인데 1936년에 갔을 때 마침 막 착임했을 때였습니다. 충분히 이야기를 나누었는데 작년 1월에 갔더니 또한 이 남자가 총독을 하고 있었습니다.

나는 여러 해 동안 일본 네덜란드협회(지금의 인도네시아협회)의 부회장으로 그쪽의 총독이 현지의 네덜란드령 인도 일본협회의 명예회장을 하고 있으므로 특히 오랫동안 일본 네덜란드 관계자라고 나를 환대해 주었습니다. 재작년 겨울은 마침 요시자와(芳沢)

대사와 동행하였는데 요시자와 대사가 총독을 만나기 전에 나를 만났습니다. 그리고 일본과 네덜란드의 교섭을 잘 하지 않으면 안 되며, 평화의 다리가 되어야 할 30년간 노력하고 있는 졸자가 말하는 바를 잘 들어주십시오라고 말씀드렸지만 좀처럼 그렇게는 되지 않았습니다. (웃음 소리) 여러분이 웃으시지만 저쪽은 아직 50 정도의 이른바 젊은 사람으로 널리 세계의, 특히 일본의 웅강(雄强)함을 알지 못합니다. 북보르네오 귀족출신으로 벨기에 공사 정도를 하다가 이 동방의 대총독이 된 남자입니다. 그래서 나는 솔직하게 동방의 대국을 말하고 그 이해에 힘썼던 것입니다. 총독은 어쨌든 그러한 이유로 네덜란드인으로서는 최고의 지위에 올라, 방대한 영토에 독재권을 행사하고 있었습니다. 정치의 방식도 상당히 잘 하고 있었습니다.

6

존 건서의 저술에 따르면 네덜란드인은 자바를 잃어도 수마트라는 반드시 지키지 않으면 안 된다고 말하였는데 나는 수마트라에 대해서는 대단한 매혹을 느끼고 있습니다. 자바는 벌써 완전히 개발되어 있어서 여지가 그다지 없습니다. 네덜란드가 두 번째로 손을 대고 있는 곳은 수마트라입니다. 실은 수마트라를 처음으로 방문한 것은 이른바 지식계급의 일본인 중에서는 나라고 말해도 좋습니다. 일본인은 의외로 시계가 넓지 않아, 좁은 해협을 마주

한 싱가포르에 상당히 오랫동안 재주하면서도 수마트라에 건너간 자는 거의 없었습니다. 1911년에 나는 조호르에 손을 대었지만 내 자신도 1915년까지는 수마트라를 알지 못하였습니다. 나는 조호르에서 5년간 열심히 일을 하고 있어서 눈이 밖으로 향하지 않았습니다.

그런데 내 밑에 있었던 사원으로 나중에 메단 일본인 회장이 된 이케다(池田)라는 남자가 있었습니다. 이케다군은 수마트라는 매우 좋기 때문에 꼭 하지 않으면 안 된다고 끊임없이 말하였습니다. 그래서 가 보았는데, 가보니 이곳은 매우 좋다고 느꼈습니다. 어쨌든 나라를 세우는 것이 나의 직업이기 때문에 이곳에 나라 하나를 세워보자고 생각했습니다. 맹렬한 기분이 샘솟아 왔습니다. 그리고 일단 돌아와 1916년에 북보르네오와 수마트라, 나의 남진에는 두 방면이 있었습니다. 즉 동남은 북보르네오, 서남은 수마트라로 정하여 전진해 가자라는 것이 내가 남몰래 가슴에 품은 방침이었습니다. 북보르네오는 조금 말씀드린대로 히사하라씨가 수행해 주었습니다. 우리 일본인은 그곳에서 출발합니다. 그러나 수마트라는 내가 해보자라고 하였는데 그때는 1916년이었습니다.

도남(渡南) 이래 7년이 경과하고 있었고, 조호르에서 하고 있는 나의 일도 상당히 근저가 만들어졌기 때문에 이제 해도 좋다는 생각을 가지고 1916년에 다시 수마트라에 갔던 것입니다. 그때 마침 나카쇼지(仲小路)라는 걸출한 인물이 농상무대신을 하고 있었습니다. 다년간 나는 농상무성의 촉탁관계를 가지고 있었기 때문에 농상무대신으로부터 네덜란드령 인도 총독에 편지를 쓰게 하였습니다. 외무대신으로부터는 물론 써 받았는데 농상무대신으로부터도 써 받았습니다. 나카쇼지라는 사람은 위대하였습니다. 농상무대신이 일부러 총독에게 편지를 써 보냈습니다. 여러분도 알고 계시듯이 외국관계는 외무대신이 해야 하며 농상무대신이 해야 하는 것은 아니지만, 나카쇼지라는 사람에게 그런 것은 상관이 없었습니다. 그래서 나카쇼지 농상무대신의 편지를 가지고 총독을 만났는데 총독은 매우 찬성하여 자바의 이 주변을 죽 관리를 데리고 말을 타고 돌아다닌 적이 있습니다. 자바는 개척되었다고 하여도 남단의 칠라차프(Cilacap) 등으로 가는 중간 산악지대는 당시에는 역시 말로 가지 않으면 안 되었습니다.

그러나 대체로 자바에는 이제 비어있는 커다란 토지는 없습니다. 나는 자바가 매우 일하기 쉬워서 이곳에 하나의 근거지를 두는 것도 좋다고 생각하였는데 적당한 곳이 없었습니다. 그래서 총독의 소개로 수마트라 동해안 주지사에게 편지를 쓰게 하였습니다. 그래서 수마트라에 가서 약 세 달에 걸쳐 이 주변의 담배와 고무 농원 안을 골고루 들어가 조사하였습니다. 지금과 달리 매우 환영을 받았습니다. 또한 재류일본인이라고 하면 소상인 내지 바람직스럽지 않은 장사를 하는 사람 정도로 유력한 자는 아직 와 있지 않았습니다. 총독의 소개로 내가 그곳으로 왔기 때문에 일본의 위대한 사람이 왔다고 하였습니다. 그들이 위대한 사람이라고 생각하는 것도 무리는 아닙니다. 소상인과 세탁소 업자로부터 내 쪽이 조금은 주선할 수 있기 때문에 매우 환영을 받아 도처의 대농원 지배인 저택에 머물렀습니다.

시안다라고 하는 곳이 있는데 그곳의 차 농원의 지배인 스로트메이커라고 하는 남자와 같이 나를 환영하여 이틀 밤 머물렀습니다. 그런데 재미있는 점이 있습니다. 이틀 밤 모두 나를 1층에서 자게 하였는데 그것은 그런대로 좋습니다. 밤을 먹을 때에는 네덜란드 본국에서 놀러와 있는 스로트메이커의 여동생이 테이블 마스터가 됩니다. 아내가 나오지 않고 여동생이 테이블 마스터가 되어 접대를 하였습니다. 그런데 2층에서 이따금 내려오는 아이의 얼굴을 보면 눈동자가 검고 머리카락도 비교적 검었습니다. 이상하네, 무슨 일인지라고 생각하며 이틀을 지냈지만 아내는 볼 수 없었습니다. 그 차 농원은 매우 커다란 차 농원인데 2천만 엔의 회사로 1만 8천 에이커 정도가 되는 대규모의 농원입니다. 그나저나 아내는 끝내 얼굴을 보이지 않았기 때문에 이틀이 지나고 나서 시안다 마을로 가자, 그곳에 일본인 사진 가게가 있었습니다.

그 사진 가게에 저 스로트메이커의 아이는 눈동자가 검은데 왜 그런지 물었는데 그 부인은 일본인이라고 말하였습니다. 아내가 일본인이라면 왜 나오지 않았는지를 묻자, 그녀는 시마바라(島原)의 여자이기 때문에 당신과 같은 위대한 사람이 오더라도 부끄러워서 얼굴을 보이지 않았을 거라고 말하였습니다. 그렇겠죠, 시마바라의 여자이므로 시마바라나 아마쿠사(天草) 사투리로 말하더라도 나는 알아들을 수 없습니다. (웃음 소리) 실제의 이야기인데 싱가포르 방면에는 ○○부로서 어두운 생활을 하는 시마바라, 아마쿠사의 여자가 많았지만 수마트라 방면에는 네덜란드인의 아내가 되어 있는 자가 의외로 존재합니다. 영국인은 특이성이 있어서 일본인을 아내로 받아들이는 자는 적습니다. 그런데 네덜란드인은 이에 반해 전혀 구애되지 않고 아내로 받아들여 버립니다. 스로트메이커도 그 중 한 사람인데 그 아이들은 네덜란드로 돌아가 훌륭한 대학을 나와 제1차 세계대전에도 참가하였습니다. 그런 이유로 수마트라에 있는 네덜란드인의 아내가 되어 있는 일본인 여자는 대다수 ○○부 출신이지만, 애초의 자격이 어쨌든 간에 나중에는 진정한 아내가 되어 있는 사람도 많이 있습니다. 그러한 정도여서 내가 가서 처음으로 일본인다운 일본인이 왔다고 생각하였을 것입니다.

그래서 나는 바네라고 하는 곳이 있는데 바네 강가에 2만 에이커의 토지 조차안을 세웠던 셈입니다. 지금 히가시야마(東山)농업회사가 오 일 밤낮을 일하고 있습니다. 그 상류에 약 2만 에이커의 토지를 성정한 것이 1917년입니다. 그러나 그것을 하기 위해서는 무슨 일이 있어도 최소 5백만 엔의 돈이 필요하였습니다. 충분히 준비하지 않으면 안 된다고 하므로, 일본으로 돌아가 회사의 동료를 데리고 재차 수마트라에 간 것이 그해 가을이었는데, 여기에도 재미있는 이야기가 있습니다. 그 근처에는 호랑이가 많습니다. 호랑이는 말레이반도에도 많이 있지만, 수마트라에도 호랑이가 많습니다. 밤에 자고 있으면 호랑이가 으르렁거립니다. 그래서 함께 간 동료가 놀라서, 이노우에군 이것 심하네, 호랑이가 있는 게 아닌가라고 말하였습니다. 호랑이가 어쨌다는 건가, 내 친구다, 자네들은 감사역이고 나는 전무이기 때문에 목숨은 내가 버릴테니 괜찮을 거라고 말했습니다. 호랑이가 무서워서 남양에서 일을 할 수 있을까라고 말하며 서로 웃었습니다. 그때 그들 두 동료는 자네가 눈을 멀뚱멀뚱 뜬 채로 호랑이에게 먹히는 것은 불쌍하다고 말했습니다. 더구나 그 중 한 명이 말라리아에 걸려 다음 날에 열이 났기 때문에 쿨리의 힘을 빌리면서 바네강을 내려왔습니다.

생각해 보면 호랑이 따위는 문제가 아니지만, 우리들의 동료에게 다시 5백만 엔 이상 출자의 결심을 하게 만드는 데에는 시기가 아직 빨랐습니다. 이를 고쳐 생각하지 않으면 안 되었습니다. 그때 나는 40여 살이 되어 있었는데 다소 사려도 주밀하고 원만해지고 있었습니다. 자신의 동료의 경지, 동료들의 재력이라는 방면도 생각하지 않으면 안 된다고 생각하여 그래서 유감이지만 수마트라 쪽은 뒤로 돌리고 말레이 방면의 회사 합병 매수에 착수하였습니다. 즉, 이것은 쉬운 일을 버리고 어려운 일을 선택한 것이 아니라 어려운 일을 버리고 쉬운 일을 선택한 것입니다. 내 평소의 신념과는 다르지만 일이란 어쩔 도리가 없다, 일본인은 아직 잘 알지 못한다, 일본은 아직 미력하다, 일본이 내 뒤를 밀어 준다면 더욱 더욱 대규모의 일을 할 수 있습니다. (웃음 소리) 이런 것을 말하면 제군은 웃을지도 모르지만 아직 세계적이라고는 할 수 없습니다.

첫째, 해외에 가는 자가 아직 적지 않은가라고 생각합니다. 해외에 대해서는 우수한 인재가 가지 않으면 안 되는데, 지금까지는 국내에서 생계를 이어갈 수 없는 자가 갔습니다. 실례이지만 우리들은 그렇지 않습니다. 일본에서도 밥은 먹을 수 있습니다. 나는 시종 말하고 있습니다. 우수한 자가 해외에 가지 않으면 안 됩니다. 영국인에 대해 이것저것 말하지만 그들 대영국은 바다를 지배한다고 말하고 있습니다. 그래서 300년간 세계를 지배해 왔습니다. 결코 일본만 위대하다고 생각해서는 안 됩니다. 현재 우리들이 제압하고 있는 것은 정의로 제압하고 있는 것입니다. 올바르기때문에 일본이 이기고 있는 것입니다. 이를 영원히 움켜지기 위해서는 한층 일단의 노력을 바치지 않으면 안 됩니다. 유감이지만아직 일본에는 인물이 적습니다. 있었다면 남양은 이미 일본의차지가 되었습니다.

이번에 싱가포르가 함락한다면 다카오카친왕(高岳親王)[26]은 황태자 지위에 있었던 분인데 불문에 귀의하여 82세 때 인도에 석가의 자취를 조상하기 위해 도항하시어 역사에 따르면 말레이반도에서 호랑이로부터 화를 당하셨다고 전해지고 있습니다. 그 다카오카친왕의 신사(神社)를 싱가포르에 세우는 일은 매우 좋은 일이라고 생각합니다. 이것은 1천년 옛날의 일입니다. 그 후 지금부터400년 전에는 남양의 도처에 우리들 일본인이 있었습니다. 제군의 아시는 바와 같이 단지 야마다 나가마사(山田長政)[27]만 아닙니다. 사이공에서도 하이퐁에서도 도처에 일본 마을이 생겨났습니다. 자바의 자카트라와 필리핀, 보르네오의 항구도 그렇습니다.

....

26 헤이제이(平城)천황의 3번째 황자로 사가(嵯峨)천황의 황태자로 옹립되었지만 810년 쿠스코(薬子) 정변으로 폐위되어 출가하여 승려가 되었다. 불법을 찾아 노령에도 불구하고 당나라로 가서 인도를 목표로 여행을 나섰으나 행방 불명되었다.
27 에도(江戸)시대 전기에 현재의 태국인 샴에서 일본인 마을을 중심으로 하여 동남아시아에서 활약한 인물로 알려져 있다.

그러한 식으로 일본인이 많이 가 있었습니다. 그것이 죽 번영하고 있었다면 일본의 차지가 되어 버렸을 것입니다. 그것이 도중에 끊겨 버린 것이 아닐까요.

그래서 백인이 300년 동안 이들 거대 지역을 지배해 왔습니다. 어디에 원인이 있는가라고 하면, 서로 가슴에 손을 얹고 생각하지 않으면 안 됩니다. 이제부터는 과거와 같이 쉽게 달고 쉽게 식는 식으로 되어서는 안 됩니다. 내가 여기에 와서 제군에게 말하는 것도 그 때문입니다. 나는 연설을 직업으로 하고 있는 남자가 아닙니다. 그러나 이야기를 해달라고 해서 이야기하러 온 이유는 무엇 때문인가 하면, 우리들의 생각을 이어가 주었으면 하기 때문에 온 것입니다. 나는 아무것도 요구하는 바는 없습니다. 조금이라도 우리들과 뜻을 함께 하는 사람들이 나와 주지 않으면 안 되기 때문에 온 것입니다. 오늘날 우리 황군은 혁혁한 무훈을 세우고 있지만 가장 필요한 일은 건설입니다. 그리고 건설은 사람에게 달려 있습니다. 우리들은 급속하게 그러한 사람을 만들지 않으면 안 됩니다. 나는 늘 말하고 있지만 일본은 지금 독일과 동맹을 맺고 있는데 동양에 대해서는 일본이 지배하지 않으면 안 됩니다.

독일이 참견해서는 안 됩니다. 남양에 처음으로 손을 댔을 때, 당시의 총리대신 가쓰라(桂)공은 나에게 이런 말을 했습니다. 자네, 장래는 독일이 남양에 온다, 나는 그렇게 믿는다, 터키에서 소아시아를 나와 인도로 와서, 그리고 남양을 지배하는 나라는 독일이라고. 이 점을 생각하지 않으면 안 된다고 말씀하신 것입니다. 독일은 제1차 세계대전으로 태평양상의 영토 전부를 영국에 빼앗기고 그 작은 한 부분을 일본이 위임받았는데 그때 청도(靑島)에 있었던 패거리들이 포로가 되어 일본에 와 있었습니다. 그들이 자바를 중심으로 하여 동인도로 갔습니다. 또한 여러 곳에서 온 자들을 합하여 7,000명의 독일인이 동인도에 가서 각계의 주요한 지위에 서 있었습니다. 이번 전쟁으로 인해 그들은 물론 구류되어 있습니다.

나는 재작년 12월 31일 비행기를 타고 바타비아에서 사마란으로 갔습니다. 왜 갔는가라고 하면 이곳에는 동인도 재주 170만 중국인 중 가장 거두인 건원사(建源社)의 사장이 있습니다. 이 사람은 일본인을 좀처럼 만나지 않습니다. 내가 국부 손문(孫文)과 구지(舊知)였던 인연으로 특히 남몰래 면회한다고 하였습니다. 그래서 마침 연말 31일과 새해 첫날부터 틈이 있었기 때문에 연말 31일에 비행기로 사마란으로 날아가 건원사 사장을 만나고 약 2시간을 이야기했습니다. 일본을 잘 이해하라, 일본의 진의를 양해하라고 말해주었습니다. 그리고 그날 밤 사마란으로부터 약 40킬로 떨어진 해발 4,500척의 앰블 가든이라는 곳이 있는데 그 곳으로 갔습니다. 이러한 점을 말하는 것은 자바는 좋은 곳이라는 점을 제군들이 알아주었으면 하기 때문인데 그 앰블 가든에 다카하시(高橋)라는 사람은 소 100마리 정도를 가지고 또한 50정보(町步) 정도의 화원을 하고 있습니다. 나는 세마랑으로 가면 이곳에 들러 차를 마시거하하는데 마침 연말이기도 하여 다카하시군으로부터 꼭 와 달라고 들었기 때문에 그곳에 가서 머물렀습니다. 저녁때가 되어 신장(新裝)의 욕실에 들어갔습니다. 4, 500척의 높이에 있기 때문에 죽

아래까지 보입니다. 그곳을 보았더니 아래쪽에 번쩍번쩍하는 빛이 있었습니다. 그런 것은 4년 전에 내가 있을 때에는 없었습니다. 무엇이냐고 물었더니, 그것은 독일 제5열을 포로로 하여 넣어 두는 곳이라고 합니다. 독일인 포로는 수마트라 북부에 두었던 것입니다. 또한 사마란에도 제5분대의 포로를 수용하고 있다고 합니다. 지금은 독일인도 호주나 인도로 옮겨지고 있지만 황군의 손으로 네덜란드령 인도를 항복시키는 것도 많은 시간을 요하지 않으며 네덜란드령 인도가 우리 군정하에 들어가게 된다면 일본과는 동맹의 관계를 맺고 있기 때문에 그 독일인을 사용하는 일은 나쁘다고 할 수 없습니다.

사용한다면 좋다고 생각합니다. 그렇지만 상당히 주의하지 않으면 안 됩니다. 왜냐 하면 평화적인 경쟁이 이루어지면 힘이 있는 자가 이깁니다. 평화적인 경쟁에서 힘이란 무엇인가라고 하면 말, 사정에 통하는 일입니다. 일본인은 동인도 전체에서 7,000명, 그 반이 여자로서 3,500명입니다. 말레이어가 가능한 자가 얼마나 있을까라고 하면 5, 600명 정도입니다. 네덜란드어가 가능한 자가 몇 명 있는가라고 하면 10명 내지 20명 정도입니다. 우리들이 남양협회를 처음으로 만들어 바타비아에 지부를 만들었을 때는 1916, 17년 무렵이었는데 자바의 법률을 영어로 번역한 적이 있습니다. 그것을 일본에 돌아가 부회장인 우치다 가키치(內田嘉吉)[28]군에게

....

28 1866-1933. 체신관료지자 정치가. 체신차관, 제9대 대만총독, 귀족원 의원 등을
    역임하였다.

이야기를 했더니 자바 법률을 영어로 번역한다고 하는 것은 어떤 가라고 묻기에, 나는 네덜란드 법률을 일본어로 번역하는 사람이 실은 존재하지 않는다, 그런 사람이 있다면 기꺼이 일본어로 번역하는 것이 당연하지만 사람이 없으므로 어쩔 수 없이 영어로 번역했다고 대답했습니다. 영어라면 대개 읽을 수 있을 것이고 읽을 수 없어도 영어로부터 번역해도 좋다고 말하였습니다. 이렇게 말하고 둘이서 웃은 적이 있습니다.

실은 그 정도입니다. 오타니 고즈이(大谷光端)[29]씨가 추천해 주신 오타니군을 바타비아 지부의 상임간사로 하였는데 오타니군은 지금 영사가 되어 바타비아에서 없어서는 안 될 인간이 되었습니다. 그는 네덜란드어를 매우 잘 합니다. 협회의 상임간사였는데 한참 지나서 당시 총영사인 이다 모리조(井田守三)군이 꼭 영사관으로 보내주지 않겠느냐고 말하여 오타니군을 위하는 일이라고 생각하여 그를 영사에 추천하였습니다. 그 이래 20 몇 년간 오타니군은 일시 외무성에 돌아가 있었지만, 재작년 이시자와(石沢)총영사가 갈 때에 오타니군은 여기에 동행해 갔습니다. 작년도 물론 그곳에서 만났습니다. 네덜란드어를 잘 합니다. 이러한 사람은 그다지 존재하지 않습니다. 외무성에도 거의 없습니다. 독일인은 모두 가능합니다. 그런 독일인은 6천명도 있었습니다. 이것으로 평화적 경쟁을 하면 싸움이 용이하지 않습니다.

....

29 1876-1948. 일본의 종교가이자 탐험가. 정토진종 혼간지(本願寺) 파 제22대 법주(法主)이다.

그렇기 때문에 남양문제는 일본이 처리해야 합니다. 물론 독일인은 동맹국이기 때문에 가능한 한 물자도 교류하고, 그들도 사용하지 않으면 안 되지만 주객전도가 되지 않도록 어디까지나 일본이 리더가 되도록 가지 않으면 안 됩니다. 이는 조약으로 정할 수 없습니다. 실력으로 정하지 않으면 안 됩니다. 실력이란 사람입니다. 우리들이 남양협회를 만든 이래, 그쪽에 6, 7백 명의 청년을 남양 각지에 파견하였습니다. 그렇지만 겨우 6, 700명입니다. 그러나 우리들 이외에 누가 했는가라고 하면 종래에 거의 없었다고 하는 정황입니다. 결국 일본은 아직 준비가 부족합니다. 답답한 것을 말하는 것 같지만 사실을 말하는 것입니다. 서로에게 분발하기 위해 제군에게 말하는 것입니다. 이러한 점을 말하면 끝이 없기 때문에 이 정도로 그만 두고, 조금 더 수마트라에 대해 말하고 싶습니다.

수마트라는 그러한 셈으로 내가 가장 매혹을 느끼고 있는 곳이며, 2만 에이커 경영 쪽은 중지하였지만 마침 토바(Toba)호수 동쪽의 키사란이라는 마을에 가까운 곳에 메이지제당(明治製糖) 계통 쪽에서 농원을 매수하게 되었습니다. 그래서 얼마 지나지 않아 나는 그 회사의 중역이 되어 메이지제당 계를 통해 수마트라 개척에도 관여하게 되었습니다. 나의 뜻은 메이지제당에 의해 보답받았는데 지금은 메이지제당 계의 농원도 2개나 있고 상당한 확장을 하고 있습니다. 지금 말씀드린대로, 동쪽은 북보르네오, 서쪽은 수마트라, 이 방면에는 일본인이 크게 뻗어가지 않으면 안된다고 하는 점을 나는 생각하고 있었습니다. 특히 수마트라는 토바 호수도 비하호(琵琶湖)보다 크며 해발 2,000척이나 됩니다. 그 주위에 3,000척에서 4,000척의 대고원이 몇 천 평방마일에 걸쳐 전개되어 있습니다. 그곳에는 사람을 이식할 수 있습니다.

조호르는 사람들을 많이 이식할 수 없다고 말하였지만 수마트라는 일본인을 이식할 수가 있습니다. 수마트라의 인구는 지금 900만입니다. 자바는 4,600만이 있어서 너무 많기 때문에 이미 남쪽의 팔렘방 방면으로 7만의 자바인을 구 네덜란드령 인도 정부가 받아들였던 것입니다. 일본인이 그들을 지도해 가야 합니다. 자바인이 1만 명 들어가면 일본인이 1,000명 들어가는 식입니다. 자바인이 100만 들어가면 일본인이 10만 명 들어가는 식으로 하여 일본인을 수십, 수백만 들어가는 것이 산업 개발의 점에서 말하더라도 가장 필요하다고 생각합니다. 특히 동아공영권 내의 식물의 자급이라는 측면에서 말하더라도 수마트라에 무논에 심는 벼, 옥수수, 소맥, 야채 등을 심는 것이 필요합니다. 그리고 일본인에게 적합하다고 하는 점을 나는 세상에도 말하고 또한 정보에 대해서도 그러한 식으로 하게 만들고 싶다고 생각하고 있습니다.

7

동인도는 자바를 첫 번째, 수마트라를 두 번째로 치면, 세 번째는 보르네오이다. 보르네오는 넓이가 넓지만, 인구는 겨우 300만에 미치지 않고 더구나 해안지대라든가 강의 녹지 외에는 인구가 번식하고 있지 않습니다. 석유로서도 오늘날은 수마트라 쪽이 첫 번째입니다. 보르네오는 300만 톤, 수마트라는 500만 톤입니다. 나아가 수마트라 쪽은 점차 늘어나고 있는 형편입니다. 그러나 보르네오라고 하더라도 소홀히는 할 수 없지만 점차 이쪽으로 손을 대는 것이 좋습니다. 현재 우리 황군은 북보르네오를 점령했을 뿐만 아니라, 구 네덜란드령에서는 타라칸(Tarakan)섬, 발릭파판(Balikpapan), 이 두 곳을 점령하였습니다. 이곳은 모두 석유지대이며, 이 방면의 석유 발굴을 하는 것은 일본으로서 물론 필요한 일이므로 이곳은 무슨 일이 있어도 세 번째로 가야할 곳입니다.

다음으로 셀레베스인데 셀레베스의 북쪽은 기후가 매우 좋은 곳이며 일본인 자손이 상당히 있다고 합니다. 필리핀에 간 다카야마 우콘(高山右近)의 패거리가 더욱 흘러가 메나도(Menado)에 상륙하였습니다. 이곳은 해군의 육전대가 점령하였는데 민지(民智)도 발전되어 있습니다. 마카사르(Makassar)를 중심으로 하여 남방으로 나아가고 있습니다. 자바에 뒤이어 민도가 진보되어 있으므로 셀레베스 쪽에서도 금후 자치를 허용하여 정치를 하게 만들고, 일본인, 특히 중부에 알루미늄이라든가 금 등이 있으므로 그러한 방면에 손을 대는 것이 좋을 거라고 생각하고 있습니다.

그리고 가장 동쪽의 뉴기니, 이곳은 가장 개척되지 않은 곳인데 토지는 매우 넓지만 남양흥발회사(南洋興發會社)가 겨우 목화의 재배나 다말의 채취에 손을 댓을 정도에 지나지 않습니다. 미국인은 커다란 석유의 이권을 가지고 비행기를 타고 현지에 들어가고 있습니다. 왜냐하면 도로가 없기 때문에 해안에서 비행기를 타고 날아가는 것 외에는 방법이 없기 때문에, 상당히 시굴을 하고 있는 듯합니다. 이곳이 일본의 세력 범위가 되면 뉴기니는 직할령으로서 일본의 개척 이민을 보내는 곳이 될 거라고 생각합니다. 이곳은 몇 천만 명이라도 보낼 수 있습니다. 34만 평방마일이나 됩니다. 재주의 인간은 얼마 되지 않습니다. 이곳은 일본이 100년 200년 후까지 걸려도 해야 할 곳입니다.

몰루카(Moluccas)군도를 중심으로 기독교 교도가 매우 많습니다. 몰루카는 향료의 산지로서 네덜란드인이 처음으로 손을 댄 곳으로 동인도 재주민의 대다수는 회회교 교도임에도 불구하고 이 주변은 크리스찬입니다. 작은 곳입니다.

그러한 식으로 동인도에 대해 간단히 말씀드리면 첫 번째가 자바, 다음으로는 수마트라, 그 다음은 보르네오, 셀레베스, 뉴기니라는 식으로 점차 그 민도에 따라서 통치를 해야 함을 말씀드리고 다음으로는 태국으로 가겠습니다.

8

태국은 불교국이며 사찰로만 17,400개가 있습니다. 승려 숫자는 225,000명이 있습니다. 누구라도 일단은 승려가 되지 않으면 안 됩니다. 전의 총리대신인 프라야 파혼 폰파유하세나(Phraya Phahon phonphayuhasena)가 승려생활을 한다는 사실이 신문에 나왔는데 마침 나는 작년 1월 프라야 파혼을 방콕에서 만났습니다. 4년 전에 갔을 때, 그는 총리대신을 하고 있어서 일본에 호의를 가지고 있었지만 작년에 갔을 때는 쁠랙 피분송크람(Plaek Phibunsongkhram)이 총리대신이 되어있었습니다. 프라야 파혼은 혁명의 원훈입니다. 그 때 그는 "나도 조금 몸이 좋지 못하지만 승려가 되고 싶다"고 했습니다. 왜냐하면 그들 나라에서 가장 필요한 일은 승려가 되는 것입니다. 그는 "나는 아직 승려가 되지 않았기 때문에 이번에는 한번 승원(僧院)생활을 하고 싶다"고 말했습니다. 나중에 들으니 승려가 되었다고 합니다. 그렇지만 이것은 3개월 동안 승원에 들어가 승려 생활을 하는 것이기 때문에 당연히 누구라도 하지 않으면 안 되게 되어 있습니다. 그러한 불교국입니다. 이 점에서 일본과도 상통하는 점이 있는 셈입니다.

10년 전까지는 진정한 구주전제국이었던 나라가 1932년 겨울에 무혈혁명이 일어나 다음 해인 1933년 즉 지금부터 9년 전에 두 번째의 쿠데타가 일어나고 또한 그해 10월에는 반동혁명도 있었지만 어쨌든 지금부터 8년 전에 새로운 왕, 10살인 아난타 마히돈왕이 왕위에 즉위하여 헌법을 제정하고 그리고 프라야 파혼이 총리대신이 된 것입니다. 의원도 있어서 나도 의회의 방청을 하였습니다. 아무튼 프라야 파혼 폰파유하세나, 프라야 파혼, 레옹 프라짓트도 일본에 온 적이 있는데 이 세 명이 샴의 세 인물입니다. 현재는 프라야 파혼과 프라짓트 등이 좌지우지하고 있습니다. 현재 중국인이 300만 명이 있어서 중견계급을 이루며 일부 지배계급 이외는 실로 불쌍한 농민층입니다. 1만 바트 이상의 수입이 있는 사람이 수십 명에 지나지 않는다고 하는 사실로도 알 수 있습니다. 그러나 재정은 의외로 좋습니다. 레옹 프라짓트가 대장(大藏)대신이고 그 고문이 돌이라고 하는 영국인인데 그 돌이라는 사람이 묘한 관계로 나와 구연(舊緣)이 있습니다.

확실히 1922년 내가 발칸반도에 갔을 때, 돌은 영국의 국경획정위원으로서 불가리아에 와 있었습니다. 마침 야스이(安井)라고 하는 육군의 소좌(少佐, 나중에 중장이 되어 최근 예비역으로 들어갔다)도 국경획정위원을 하고 있었습니다. 야스이 소좌가 나를 안내하여 여기저기 걷고 있는 중에 호텔에서 돌과 함께 자리를 하여 그곳에서 인연을 맺었는데 그 후 내가 해외흥업회사의 사장으로 상파울루(São Paulo)의 이구아피(Iguape) 식민지를 관리하고 있을 때에 돌은 옆의 파라나(Paraná)주의 고문이 되어 와 있었습니다. 그러니까 일본인 식민지, 그곳에는 약 8천 명 정도의 일본인이 있었는데 그 일본인 식민지에 그가 왔던 것입니다. 그런 이유로 4년 전에 태국에 갔을 때도 물론 그가 찾아와서 여러 가지 이야기를 했습니다. 요전에도 만났는데 그때 태국의 재정은 매우 좋지만 전란이 일어나면 곤란하며 가능한 한 전쟁이 없었으면 한다고 그는 말하였지만 결국 오늘의 결과가 되어버렸습니다.

그들은 지금 어떻게 되었는가 하면 크로스 피드라고 하는 영국 공사는 태국에 40년이나 있었습니다. 그가 영국의 대표로서 태국 관리든 누구든 아이 취급을 하고 있었습니다. 태국어로 거침없이 말합니다. 그를 도우고 있었던 자가 돌이며 즉 크로스 피드공사와 돌 고문이 영국을 대표하여 태국을 좌지우지하고 있었습니다. 그런데 프라야 파혼 수상의 결단에 따라서 제군들이 알고 있는 대로 일본과 공수(攻守) 동맹을 맺어 일본의 동아공영권 건설에 참가하여 친영국파를 배격하고 오늘날 프라야 파혼이 일본 편을 드는 정치를 하고 있습니다. 그렇기 때문에 무슨 일이 있어도 프라야 파혼 수상을 도와 샴의 독립을 잘 지켜 주고 그래서 일본이 말하는 바를 귀 기울이게 한다는 식으로 하지 않으면 안 된다고 생각하고 있습니다.

9

　다음은 프랑스령 인도차이나입니다. 프랑스령 인도차이나는 대체로 태국과 매우 흡사하지만 대부분 안남인(安南人)입니다. 인구 2,300만 중에서 안남인은 1,700만 명이 됩니다. 나는 남양에 왕래하고 나서 30 몇 년, 25, 6회 왕복하고 있는데 프랑스령 인도차이나에 간 적은 두 번밖에 없습니다. 나의 친구 다카쓰키 이치로(高月一郎)라고 하는 자가 프랑스인과 공동으로 개척사업을 시작했다고 하므로 무슨 일이 있어도 자본이 필요하다고 하여 어떻게든 자본을 마련해 주고 싶다고 생각해 유럽으로부터 돌아오는 길에 일부러 프랑스령 인도차이나에 들렀습니다. 그것이 1922년. 그리고 작년에 갔는데 20년만이었음에도 불구하고 프랑스령 인도차이나의 상태는 조금도 변하지 않았습니다. 즉 프랑스령 인도차이나의 식민정책이라는 것이 프랑스주의의 정책을 펴서 오로지 프랑스의 물품을 반입하고, 또한 프랑스에 필요한 물건을 만들려고 하는 방침을 취하고 있었기 때문에 일본에 대해서도 폐쇄적이었습니다.

그리고 조약 따위는 오랫동안 무조약이어서 우리 외무성도 여러 가지로 고생하였지만 용이하게 잘 되지 않았습니다. 이번에는 다행히 일본의 힘이 증가하여서 알고 계신대로 경제협정이 생기고 또한 공동방위가 생겨서 이제부터 상당히 변할 것이라고 생각합니다.

그러나 방심은 안 됩니다. 간단히 생각해서는 안 됩니다. 화교가 쇼론(Cholon)이라는 곳에 대부분 거주하여 이들이 장개석님하고 있었지만 요즘은 일본을 향해 왔다고 합니다. 물론 그러하겠지요. 그렇지만 일본이 방식을 잘 하지 않으면 곤란합니다. 방심하지 말아야 한다는 점을 말씀드려 두겠습니다.

10

다음은 버마인데 버마는 면적이 68만 평방 킬로이고 인구가 태국과 거의 같아서 1,600만입니다. 이들은 대부분이 몽고계의 버마인이며 더구나 불교국이지만 독립의 정신으로 매우 불타오르고 있습니다. 영국이 약취하고 나서 상당한 세월이 지났지만 최근에 이르러서는 독립 정신이 매우 불타올라 적어도 태국 정도의 나라에는 일본이 지도해 주면 물론 될 수 있다고 생각하는 것입니다. 버마에 대해서는 더욱 상세하게 말하고 싶지만 시간이 없기 때문에 이 정도로 하고 장래에 전망이 있다고 하는 점만은 말씀드려

놓겠습니다.

11

그리고 말씀드리다 잊어버렸는데 필리핀입니다. 필리핀은 조
금 전 말씀드린대로 스가누마 다다카제(菅沼貞風), 오타 교사부로
(太田恭三郎), 다바오의 마(麻)라고 하는 점에서 매우 관계가 깊습
니다. 특히 나는 다바오의 마에 관계한지 12년이 되기 때문에 다
소의 관계가 있습니다. 나는 필리핀에 가서 에밀리오 아귀날도
(Emilio Aguinaldo y Famy)[30]도 만났습니다. 마누엘 루이스 케손
(Manuel Luis Quezon y Molina) 오스메냐(Sergio Osmeña)[31], 마누엘 로
하스(Manuel Roxas y Acuna)[32]도 물론 알고 있습니다. 또한 일본에
40년간 머물다 최근에 저쪽으로 돌아간 데카르트장군, 이 자는
미국이 지배하고 있는 동안에는 결코 돌아가지 않겠다고 말하고

....

30 1869-1964. 스페인의 지배에 맞선 필리핀의 독립 혁명가. 1898년 필리핀 독립선
언 이후 1901년 사이에 존재하였던 필리핀 제1공화국의 초대 대통령을 역임하였
으나 미국군에 체포된 이후 이 공화국은 해체되었다.
31 1878-1961. 1907년 필리핀 국민의회 의원에 당선되었으며 1916년까지 의장직을
맡았다. 1935년 필리핀연방공화국이 성립되자 대통령 마누엘 루이스 케손 아래에
서 부통령직을 수행하였으며 1942년 일본군의 침공으로 미국으로 망명하였으며,
1944년 케손의 사망으로 대통령직을 승계하였으나 1946년 선거에게 패배하였다.
32 1892-1948. 카피스 주지사와 하원의원과 제헌히의 의원을 역임하고 1938에 재무
장관에 올랐다. 제2차 세계대전 중에는 일본군에 체포되어 수용소 생활을 하였으
며 1946년에는 독립과 더불어 초대 대통령으로 당선되어 1848년까지 역임하였다.

귀국하지 않았습니다. 요코하마(横浜)에서 부인이 커피점을 열고, 내가 오랫동안 교장의 이름을 더럽히고 있는 해외식민학교 선생을 10여 년간 하고 있어서 학교에 갈 때마다 장군을 만났는데, 아마 이 분은 가장 기개가 있는 인격자로서 군에서도 상당한 대우를 하고 있지 않을까라는 느낌이 들었습니다. 미국 영토가 되고 나서 40년, 또한 2백 수십 년간 스페인 영토였기 때문에 다수는 카톨릭으로 변하고, 특히 미국이 이를 대신하고 나서는 하이컬러로 변하고 있습니다. 그렇기 때문에 이를 방심해서는 안 됩니다. 미국 풍습이 침투해 있기 때문에 이를 씻어낸다고 하는 일은 용이하지 않습니다. 처음에는 무슨 일이 있더라도 위력을 가지고 임하지 않으면 안 된다는 의견이 있는 듯 한데, 나도 그러한 의견에 동감합니다. 독립은 시켜 주지만, 미국으로부터 벗어나 일본에 의지하지 않으면 안 된다는 점을 진정으로 생각하게 만들기 위해서는 무슨 일이 있어도 가능한 길게 군정을 실시할 필요가 있다고 생각합니다. 바르가스가 시장이 되고 데카르트가 군정하의 임시정부 수장이 되어도 일본의 의사를 철저하게 알도록 하는 것이 매우 필요하다고 생각합니다. 그리고 민다나오섬 쪽은 조금 전에 말씀 드린 대로 다바오는 일본인이 개척한 곳인데 주민은 회교도나 무신교도이며 얼마밖에 존재하고 있지 않기 때문에 이 민다나오섬은 가능한 한 일본인과 필리핀인의 공동개척지로 해야 한다는 점을 우리들은 정부에 진언하고 있습니다. 필리핀은 이 정도로 해 두겠습니다.

아직 호주와 뉴질랜드가 있는데 시간이 없기 때문에 좀처럼 그곳까지 손이 미치지 않습니다. 호주는 백호주의라고 일컬어지고 있지만 어쨌든 기후가 일본과 비슷하고 농업국일 뿐만 아니라 광산도 있고 목축도 있으며 일본인의 식민지로서 가장 적당하기 때문에 호주는 무슨 일이 있어도 특별한 지역으로서 일본인들이 이주해야 할 곳입니다. 뉴질랜드 또한 마찬가지입니다. 뉴질랜드는 제군들이 아시는 바와 같이 영국이 마오리족을 여러 가지 방법으로 진멸(殄滅)하였습니다. 실로 참혹한 방식으로 저 날래고 사나운 마오리족을 죽였습니다. 그리고 나중에는 종교에 의해 평화로운 무저항의 백성으로 백인종을 계속 받아들이고 있습니다. 오늘날 백인은 140만 명이 있으며 마오리족은 6만 밖에 존재하지 않아서 백인 식민지로 만들었는데, 아주 기후가 좋은 곳입니다. 일본과 서로 길항하는 산수의 경승지이기 때문에 이곳도 일본인들이 장래 크게 뻗어나가지 않으면 안 되는 곳이라고 생각합니다.

그리고 버마가 장래 일본의 원조로 독립하게 되면 무슨 일이 있어도 인도가 일어납니다. 인도가 독립하든지, 분할 통치가 되던지 그렇게 될 것입니다. 그리고 나는 아프가니스탄협회의 회장을 하고 있는데 요전에 몰래 방문해 보았습니다. 그들은 역시 당년의 꿈을 꾸고 있었습니다. 옛날처럼 대(大) 아프간으로 만들고 싶다는 것입니다. 일체 지금의 인도 서북 경계지역 주변은 원래 아프간의 영토였습니다. 이번에 일본이 한다면 자국의 영토를 확장하고 싶다는 기분은 있을 겁니다. 나도 좀 더 젊다면 하겠지만 상당히 나이를 먹었기 때문에 거기까지 견딜 수 있을지 어떨지, 견딜 수 있다면 해 보겠다고 말하며 크게 웃었습니다. 아프가니스탄 등도 결코 무시할 수 없습니다. 나는 1902년 여름에 중앙아시아를 탐험하여 메르브(Merv)에서 쿠슈크(Kushk) 방면의 아프간을 탐색한 적이 있습니다. 또한 1911년 봄에는 이집트에서 인도로 나와 카이베르 고개(Khyber Pass)[33]의 험난한 길을 넘어 그 변경을 탐색한 적이 있습니다. 그러한 이유로 아프간의 회장을 담당하고 있는 셈입니다. 그곳까지 가면 나도 성불할 수 있습니다. 아프간과 인도 정도까지 가지 못하면 성불할 수 없습니다. 죽어도 지하에서 흘겨보고 있으려고 생각하고 있습니다.

13

스가누마 다다카제가 죽은지 50년, 지금 다시 되살아 왔습니다. 아라오 선생 또한 그와 같아서 선생도 38세로 죽었지만 지금 다시 되살아 왔습니다. 나는 66살이 되었지만 살아 있기 때문에 세상은 나를 잘 모릅니다. 제군은 총리대신이 있음을 알지만 이노우에

----

33 세계에서 가장 유명한 고갯길 중 하나로 힌두쿠시 산맥을 가로질러 아프가니스탄 동부의 낭가르하르 주와 파키스탄 노스웨스트프런티어 주의 접경지역에 있는 높이 1027m의 고개이다.

마사지가 있음을 알지 못합니다. 바로 그것입니다. 인간은 불면 날아갈 듯한 존재여서는 안 됩니다. 가능한 한, 속세에 알려지지 않는 것이 본인을 위함이고 나라를 위함이며 공덕이라 할 수 있습니다. 쇼인(松陰)은 어떠한가하면 29세로 죽었습니다. 난코(楠公)[34] 는 어떠한가라고 하면 44세로 죽었습니다. 나는 길게 살고 있음에 지나지 않습니다. 그러나 길게 살았기 때문에 조금이라도 국가를 위해 진력할 수 있었습니다. 그러한 점을 생각해 보면, 이름도 없는 인간이 국가의 초석이 되는 것을 제군은 생각하지 않으면 안 됩니다. 제군들도 모두가 총리대신이 될 수는 없습니다. 이름도 없는 인간, 지하 천척 아래에 파묻힐 각오가 중요합니다. 요즘은 돈에 욕심이 있는 자는 곧바로 어딘가로 갑니다. 명예에 욕심이 있는 자는 그 주변에 우글우글 있습니다. 남들이 추어올리면 바보가 똑똑한 듯이 행동합니다. 그런 것이어서는 안 됩니다. 서로에게 알몸으로 힘겨루기 하자, 이것이 나의 일생입니다.

나는 6세 때 도요토미 히데요시(豊臣秀吉)였습니다. 등에 도요타이코(豊太閣)라고 실로 꿰매 붙이며 학교를 다녔습니다. 도쿠가와 이에야스(德川家康)와 가토 기요마사(加藤清正) 등, 시즈가타케(賤嶽)의 시치혼야리(七本槍)[35] 용사 7명 계 8명의 종자를 가지고

<hr>

34 가마쿠라(鎌倉)막부 시대 말부터 남북조(南北朝)시대에 걸쳐 무장인 구스노키 마사시게(楠木正成)를 가리킨다. 천황 편에 서서 가마쿠라막부 타도에 공헌하는 등, 남북조시대, 전국(戰國)지대, 에도시대를 거쳐 일본사상 최대의 군사적 천재라는 평가를 받아왔으면 메이지 유신 이후 천황을 중심으로 하는 황국사관(皇国史觀)의 중심인물로 크게 부각되었다.

있었습니다. 마을의 패거리들은 모두 이치나 말로 오지만 우리들
은 아무말 하지 않고 주먹으로 때려 누였습니다. 그런데 10살이
되어 친제이 하치로(鎭西八郎)³⁶가 좋아졌습니다. 왜냐하면 하치로
는 18살 때 규슈를 평정하고 교토로 왔을 때, 츄나곤(中納言)인 후
지와라노 노부요리(藤原信頼)가 어떠한가 게비이시(檢非違使)³⁷가
되어주었으면 한다고 부탁하였습니다. 그 때에 하치로는 뭐라고
답하였는가라고 하면, "나는 하치로로 충분하다. 어째서 게비이
시인가? 빌어먹을, 나는 하치로로 충분하다."라고 답했습니다.
이 말이 소년인 나를 매우 감격시켰습니다. 그것이 10살이었던
때의 일입니다.

그래 다이코가 되어 천하의 권력을 잡는 일도 좋지만 하치로가
되어 천하의 대평민(大平民)으로 마치는 것도 좋습니다. 그래서 나
는 자신의 과거 60여년의 자취를 생각하면 다이코와 하치로 사이
를 움직이며 왔던 인간이라고 생각합니다. 왜 해군을 그만두었는
지, 그만두지 않아도 좋았는데 왜 그만 두었는지, 그것은 전쟁에
가고 싶었기 때문에 그만 두었습니다. 왜 조선의 서기관을 그만
두었는지, 한일병합의 대세가 만들어졌기 때문에 이제 나에게는

<hr>

35 1583년 시가현(滋賀県) 시즈가타케(賤ヶ岳)부근에서 도요토미 히데요시와 시바
타 가쓰이에(柴田勝家)사이의 전쟁에서 활약한 7명의 무장을 가리킨다. 이 전쟁
에서 승리한 도요토미 히데요시는 죽은 오다 노부나가(織田信長)가 남긴 권력을
계승하여 일본 전국을 장악하는 계기가 되었다.
36 헤이안(平安)시대 말의 무장 미나모토노 다메토모(源為朝)를 가리킨다.
37 헤이안(平安) 시대에 비리를 감찰하기 위해 설치한 관청을 다스리는 지위.

볼일이 없어졌고 그 다음은 속리(屬吏)에게 시키면 되는 것입니다.(웃음 소리) 제군은 웃을지 모르지만 진심의 이야기로 속리가 하면 좋은 것입니다.

내가 가쓰라(桂)수상의 찬성 아래 1910년부터 1911년에 걸쳐 세계 식민지를 순회하고 경성으로 돌아왔을 때였습니다. 1919년에 대만총독으로 아카시 모토지로(明石元二郎)[38]라는 남자가 죽었는데, 그는 1911년 당시 소장으로 군참모장이었습니다. 나는 그 아카시 소장과는 특별히 친한 사이였기 때문에 역에 마중하러 와주었습니다. 참모장으로 마차를 가지고 있었습니다. 자동차는 그때에 아직 없었습니다. 그 마차 안에서 그는 "당신을 이제부터 무엇을 하는가?"라고 재차 나에게 물어서, 나는 "나는 농민이 될 거야, 남양의 농민이 될 거야." 그렇게 말했더니 과연 아카시 소장도 등을 두들기며, "당신은 기특한 사람이다. 나는 다시 조선에서 작은 관리가 될 거라고 생각했다."고 말하였습니다. 나는 마침 1907년에 주임(奏任) 1등으로 임명되었기 때문에 머지않아 칙임(勅任)으로 나갈 수 있는 시기였습니다. 그가 작은 관리가 될 거라고 말한 것도 상식입니다. 그래서 나는 의기양양하여 "부질없는 소리마라, 조선은 당신으로 충분하다, 나는 필요 없다, 나는 남양으로 간다."라고 말하자 아카시는 대단히 기뻐했습니다. 그러면 함께 데라우치(寺內)씨가 있는 곳으로 가서 이야기해 달라고 하므로, 데라우치씨에게 갔습니다.

....

38 1864-1919. 일본의 윤군 군인으로서 육군대장, 제7대 대만총독을 역임하였다.

데라우치씨는 총독이고 그는 그 참모장입니다. 가장 신뢰를 받고 있는 부하 중 제일인자입니다. 근엄한 데라우치씨도 내가 남양의 농민이 될 거라고 말하였더니, 아카시도 권유하므로 흔연(欣然)히 찬성해 주었습니다. 그래서 나도 또한 흔연히 조선을 떠나 일본으로 돌아와, 일본에서도 가쓰라 수상을 비롯하여 제 선배의 찬동을 얻어 남양의 농민이 되었습니다. 좋습니까, 바로 그 점입니다. 무엇을 위해 관리가 되었는가, 월급을 받기 위함이 아닙니다. 조선을 병합하기 위함입니다. 병합이 되었기 때문에 나는 더 이상 할 일이 없습니다. 이제부터는 남양이며, 남양에 새롭게 나라를 세우는 일입니다. 그러나 나는 30년, 세상으로부터 세상 사람들보다 빨랐습니다. 이제 노령이 되었습니다. 그러나 일은 이제부터입니다. 따라서 나는 남양의 왕이 되지 못하고 죽을 겁니다. 그러나 내가 죽은 후, 제군들이 남양에 가 보라, 그러는 동안 누군가가 나의 동상을 세우려고 하는 자가 나오지 않는다고는 할 수 없습니다. 동상 따위는 필요없지만. 가가(呵呵). (박수)

[1942년 2월 12일 (싱가포를 함락 전) 대정익찬회(大政翼贊會) 히가시후시미(東伏見) 도장에서 행한 강연 요령]

번역 후기

1

이 번역서는 1910년대 중후반 이래 이른바 일본의 남진론(南進論)에 상당한 영향을 끼친 이노우에 마사지(井上雅二)의 『남양(南洋)』(富山房, 1915)과 1942년 국가주의 정치결사였던 대정익찬회(大政翼贊會)에 초대받아 강연한 『남방의 일반개념과 우리들의 각오 – 특히 도남(圖南)의 청년에 고한다』는 인쇄물을 한데 묶어 번역한 것이다.

필자인 이노우에 마사지는 효고현(兵庫縣)에서 태어나 해군병학교(海軍兵學校)에 들어갔으나 청일전쟁에 즈음하여 중국대륙에 뜻을 품고 도중에 학업을 그만두었다가, 현재의 와세다대학(早稻田大學)인 도쿄전문학교(東京專門學校)를 1899년에 졸업하였다. 그는 도쿄전문학교에 재학할 때부터 아시아주의를 표방하는 단체인 동아회(東亞會)와 관계를 가졌으며, 이 단체가 동문회(同文會)와 합하고, 1900년 흥아회(興亞會)를 흡수하여 국가주의 단체인 동아동문회(東亞同文會)가 만들어지자 간사의 역할을 담당하였다. 그 후 이노우에는 유럽으로 건너가 오스트리아 빈대학, 독일 베를린대학에서 경제학과 식민정책학을 수학하고 1905년 동아동문회 특파원, 체신청 촉탁으로 한국으로 건너갔다. 한반도에서 메가타 다네타로 (目賀田種太郞) 재정고문 아래에서 재무관으로 일하다 1907년에는 궁내부(宮內府) 서기관으로 옮겨 1909년까지 일본의 관료로서 일본의 한국 강제병합에 투신하였다.

　이노우에는 아시아주의자로서 서양에 맞서 중국과 한반도에 일본의 영향력을 확대하는 데 관심을 가지고 있었으나 1910년대부터는 중국과 한국에서 이른바 '남양'으로 눈을 돌려 적극적으로 남진론을 주창하였으며 이 지역에 대한 대외팽창주의를 역설하였다. 그는 남진론을 주장하는 저술활동 뿐만 아니라 실제 1911년에는 싱가포르에 '남아공사(南亞公司)'를 설립하여 조호르 지역에서 고무농장을 개척사업에 종사하였고 그 이후로도 수마트라, 북보르네요, 민다나오 등에서 남양지역 개척을 도모하였다. 1915년 동남아시아 지역의 연구와 개발을 목적으로 결성된 국책기관인 '남양협회(南洋協會)' 설립에도 관여하여 전무이사가 되었다. 1924년에는 이민회사이자 식민(植民)회사로 국책 이주를 담당하였던 해외흥업주식회사(海外興業株式會社) 사장이 되고 1926년에는 페루면화주식회사(秘露綿花株式會社) 사장에 취임하여 남미의 개척 사업에도 관여하였다. 한편 정치에도 관심을 가져 1924년 중의원선거에 출마하여 당선되었으며, 멕시코산업(メキシコ産業) 사장, 동양척식(東洋拓殖) 상무 고문, 인구문제연구소 상무이사아프가니스탄협회(アフガニスタン協會) 회장 등 일본의 대외팽창주의와 관련하여 다양한 분야에서 활동하였다. 일본 패전을 얼마 남기지 않은

1945년 4월 스즈키 간타로(鈴木貫太郎) 내각이 들어서자 고문의 역할을 담당하기도 하였다.

이노우에 마사지는 여러 방면에서 다양한 활동과 더불어 다량의 저술도 내었는데 이러한 이력은 그가 집필한 책에도 잘 나타난다. 예를 들면, 본 번역서에서 제시한 글 외에도『해외웅비 젊은 일본의 신로(海外雄飛 若き日本の新路)』(民友社, 1929), 『해외 이주문제의 실제(海外移住問題の実際)』(日本植民通信社, 1931), 『이주제한문제에 직면하여 우방 브라질을 세 번 방문한다(移住制限問題に直面して 三たび友邦ブラジルを訪ふ)』(実業之日本社, 1935), 『남방제국을 돌며(南方諸國を巡りて)』(霞山會館, 1936), 『새롭게 남방을 돌며(新に南方を巡りて)』(1937), 『흥아일로(興亞一路)』(刀江書院, 1939), 『동아공영권과 남방(東亞共榮圈と南方)』(日本青年館, 1940), 『남진의 각오로(南進の心構へ)』(刀江書院, 1941), 『남방개척을 말하다(南方開拓を語る)』(照文閣, 1942), 『개척자가 본 신생 남방의 모습(開拓者の觀たる新生南方の相貌)』(1944) 등이 이에 해당한다. 이들 책 제목만 보더라도 그는 아시아뿐만 아니라 세계를 무대로 일본의 팽창과 식민사업, 나아가 제국주의적 진출에 얼마나 관심을 가지고 있었는지 잘 알 수 있다. 또한『한국경영자료 이집트의 영국(韓國經營資料 埃及に於ける英國)』(清水書店, 1906), 『반도를 방문하여 선인의 위열을 생각한다(半島を訪ねて 先人の偉烈を想ふ)』(中央朝鮮協會, 1938) 등의 저술을 통해서 그가 초기 한반도 식민지화 과정에서 관료로 참여했던 아시아주의자로서의 이력을 엿볼 수 있다.

2

다음으로 당시 일본의 동남아시아관에 다대한 영향을 끼친, 1915년에 간행된 『남양』의 성격을 이해하기 위해, 전후 동남아시아 연구의 초석을 확립한 야노 도오루(矢野暢)의 논문 「다이쇼기 '남진론'의 특질(「大正期「南進論」の特質」)」 중 다음 문장을 보도록 하자.

　　예를 들면 다이쇼(大正) 시기 '남진론(南進論)'의 대표적 작품 중 하나인 이노우에 마사지(井上雅二)의 『남양(南洋)』을 보면, 그러한 점이 확실해진다. "남양 발전은 결코 공허한 논의가 아니다. 일본의 국시를 수행하는데 피할 수 없는 도정이다"라고 하는 이노우에는 "흥아의 대목적을 품고, 대일본주의의 수행을 하려고 하는 우리나라는 조선에서 북쪽으로 가는 것도 필요하지만, 남쪽을 가리켜 남양으로 뻗어가는 일은 더욱 필요하며, 또한 자연스럽다고 생각된다."라고 쓰여 있다.

　　이와 같이 '남진(南進)'과 '대일본주의(大日本主義)'를 결합시키는 이노우에의 생각에는 당시 일본의 사조에 보인 유력한 식민사상과 또는 고토 신페이(後藤新平)의 일본 팽창적 주장 등의 영향을 여실히 읽어낼 수 있는 것이다. 사실, '대일본주의'라는 어법은 아주 고토 신페이(後藤新平)적이다. 이 이노우에 마사지의 생각에 보이듯이, 메이지(明治) 말의 남진론의 주장과 '대일본주의'적인 팽창추진론의 접합이야말로 다이쇼 시기 「남진론」의 기본적인 성격이 되고 있는 것이다.(矢野暢「大正期「南進論」の特質」, 『東南アジア研究』16巻1号, 1978.6)

필자 이노우에 마사지는 아시아주의자로 중국과 조선에 대한 일본의 영향력 확대에 관심을 가지고 있었으나 한국의 강제합병 이래, 동남아시아 지역의 중요성을 강조하며 이 지역에 대한 일본의 대외팽창을 강력하게 주창하고 1910년대 대표적인 남진론자로 변모하였다. 그런데 위에서 야노 도오루가 지적하고 있듯이 그의 남진론은 단지 자유무역이나 경제적 교류의 확대만을 의미하지 않았으며, 이 책의 1장에서 '대일본주의'라는 기치를 내걸고 있듯이 그는 적극적인 대외팽창론, 나아가 식민개척의 일환으로서 남진론을 주창하고 있었다. 그가 말하는 '대일본주의'는 곧 '일본팽창주의'이며 이를 '우리의 건국 이래의 대방침'으로 파악하여 '승자, 강자, 적자(適者)의 유일한 길'이라고 파악하고 있는 데에 그의 남진론의 속성을 잘 보여주고 있다.

이와 같이 대외팽창주의의 실현으로서 남양진출과 더불어 이노우에가 이 책에서 일본이 동남아시아 지역으로 나가야 하는 이유는 다음과 같이 고향 복귀라고 하는 측면에서 그 당위성을 주장하고 있다.

나는 항상 말한다, 일본인이 남양에서 발전하는 일은 진무 이전의 옛날로 되돌아가는 것이라고. 야마토민족은 남양으로부터 북으로 정벌해 왔다고 어느 고고학자는 말한다. 일본인의 피가 남양인의 피를 섞고 있음은 이미 인류학자들이 승인하는 바이며, 그들 남양인의 용모, 풍속, 습관 등에 비추어보아도 그들과 우리는 서로 닮아 있는 점이 매우 많다. (「2. 남진의 목소리」)

이 인용문에서 보듯이 일본민족은 남양지역이 그 출신지이고 그곳에서 북으로 정벌하여 현재의 일본 열도에 자리를 잡았으며, 그렇기 때문에 일본인과 이 지역의 민족은 혈족의 측면에서도 상관관계를 가지고 있다고 주장하고 있다. 이러한 논리는 일본이 한반도를 식민지화할 때, 일본과 한국은 같은 뿌리를 가지고 있고 같은 언어로부터 갈라졌다는 주장을 통해 강제적 합병의 당위성을 역설한 '일선동조론(日鮮同祖論)'이나 '일선동근론(日鮮同根論)'과 유사한 주장에 해당한다고 볼 수 있다. 이러한 논리 속에서 이노우에 마사지는 그 구체적인 실례로서 셀레베스섬의 미나하사(Minahasa)를 '유사 일본향'이라 명명하며 일본인과 동남아시아인이 같은 뿌리에 기반하고 있음을 역설하여 일본이 다시 이 지역으로 돌아오는 것은 '자연이다. 절대이다.'라는 인식을 보여주고 있다.

이러한 관점에 바탕하여 이노우에 마사지는 『남양』에서 동남아시아 각 지역의 자연과 역사, 산업, 서양의 식민지화 과정, 일본인의 활약 등을 상세하게 기술하고 있다. 3장에서는 남양지역을 지리적으로 구분하여 3대 구역으로 나누어 그 특징을 설명하고 있으며, 4장에서는 역사적으로 서양의 세력이 이 지역에 들어와 식민지화하는 과정을 상세하게 설명하고 당시 서양세력 분포도에 대해서도 언급을 하고 있다. 5장에서는 이 지역이 자원이나 식량, 특산물의 측면에서 얼마나 커다란 '부원(富源)'을 가지고 있는지 말레이, 오스트라시아, 자바, 뉴기니, 보르네오, 수마트라, 셀레베스, 몰루카군도, 필리핀, 독일령 남양 등 각 지역별로 대별하여 설명하고 있다. 6장에서는 남양의 원주민의 특징을 '원시'와 '야만'이라는 측면에서 설명하고 그들의 종교적 특징도 언급하고 있으며, 7장에서는 중국 화교세력이 남양 지역에서 큰 세력을 형성하고 있음을 경제적, 정치적 측면에서 개괄하고, 8장에서는 남양 각 지역에 일본이 언제부터 어떠한 형태로 일본인이 건너오게 되었는지를 설명하고 각 지역 일본인의 분포도와 당시에 현지의 일본인 사회가 진지한 발전을 거듭하고 있음을 강조하고 있다.

한편, 9장에서는 앞에서 언급하였듯이 마나하사의 '유사 일본향'과 도보섬의 '소일본촌'을 개괄하여 일본이 이 지역과 밀접한 연관관계를 가지고 있음을 역설하고 있다. 10장에서는 당시 동남아시아 최대의 산업인 고무재배사업을 소개하고 이 방면의 일본인의 위치를 개괄하고 있으며, 11장에서는 향후 야자재배와 진주 채취 등 이 지역의 유망한 사업과 공업, 무역 등을 설명하고 있다. 12장에서는 남양의 기후와 위생 상태에 대해 설명하고 있는데, 이 지역이 일반적인 인식과는 달리 건강하고 마음이 편한 지역임을 강조하고 있으며, 13장에서는 남양 소개 기관, 항로, 금융기관의 확충을 통해 향후 일본이 이 지역에서 발전책을 강구해야 함을 설명하고 있다. 14장에서는 래플스와 제임스 브룩 등 남양을 개척한 대표적인 서양인을 '남양의 영웅'이라는 시선으로 소개하고, 15장에서는 독일과 네덜란드, 미국, 영국의 세력 판도를 중심으로 이 지역의 미래를 예견하고 있다.

그리고 마지막으로 16장에서는 '가야하며 개척해야 한다'는 항목을 설정하여 "남양은 야마토(大和)민족에 적절한 발전지이다. 대일본주의 실행의 제1 천지이다. 가야하며 개척해야 한다, 또한 다스려야 하지 않겠는가."라고 끝을 맺고 있다. 전체적으로 이 지역이 일본이 팽창해 가야 할 신천지이며 일본인이 분발하여 이곳에 진출하여 개척하고 다스려야 함을 적극 독려하고 있다. 특히 메이지시대까지 일본에서 '남양'의 지리적 범주는 미크로네시아 제도를 중심으로 한 지역이었으나 이 책에서 범주화하는 '남양'이란 동남아시아 각 지역을 망라하고 있다는 점에서도 당시 일본인의 '남양'개념이 한층 확충되었다는 사실을 잘 반영하고 있다.

3

『남방의 일반개념과 우리들의 각오 – 특히 도남(圖南)의 청년에 고한다』는 이노우에 마사지가 1942년 싱가포르가 일본군에 함락되기 직전 일본인의 전쟁 동원의 핵심 정치결사였던 대정익찬회(大政翼贊會)의 히가시후시미(東伏見) 도장에서 강연한 내용을 인쇄하여 배포한 것이다.

『남양』이 간행되었던 1915년과 『남방의 일반개념과 우리들의 각오』가 간행된 1942년은 27년이라는 단순한 시간의 경과뿐만 아니라, 이 사이에 동남아시아 지역(남양)을 둘러싸고 정치적, 외교적, 군사적으로 다양한 환경의 변화가 있었던 시기이다. 1915년은 아직 일본 정부가 이 지역에 대해 어떠한 실질적인 정책을 내지 않았던 시기인데 제1차 세계대전 결과로 남양의 미크로네시아 제도에 남양청(南洋廳)을 설치하고 위임통치를 공식화하는 것은 1922

년 이후의 일이다. 1936년 7월 「국책의 기준(国策の基準)」에서 최초로 남양 지역이 일본의 국책 속에 들어오고 중일전쟁이 격화되면서 1940년에 '국책기본요강'에 국책의 중요영역으로 남양진출이 공식화되면서 '남양'은 '대동아공영권' 구상의 중핵으로 국책의 영역으로 들어오게 된다. 그리고 1941년 12월 태평양전쟁의 발발과 더불어 일본은 이 지역에 대한 침략을 감행하고 각 지역에 군정을 실시하며 '남양공영권' 구상을 본격적으로 실천해 갔다.

『남방의 일반개념과 우리들의 각오』는 이러한 시대적 풍조를 잘 보여주고 있다. 이노우에 마사지는 먼저 자신이 동남아시아 지역에서 개척사업을 시작한 동기를 말하고 다음과 같이 이 지역에 '대동아공연권 건설'이라는 목표를 분명히 밝히고 있다.

> 목표는 두말할 필요도 없이 대동아공영권 건설, 또한 동아신질서의 확립, 나아가 세계의 항구평화, 바꿔 말하면 팔굉일우(八紘一宇)라고 하는 우리 황도(皇道)의 현현에 있습니다. 이것이 목적인데 이를 위해서는 어떻게 하면 좋은가 하면 국방국가를 완성하여 영미를 철저하게 진멸하는 것이 첫 번째 수단이지 않으면 안 됩니다. 이와 더불어 우리의 점령지에 대해서는 덕을 가지고 그들 선주민족과 그외의 인민에 대해 좋은 정치를 실시해야 합니다. 덕을 가지고 이들 점령지의 민족, 또한 아시아 민족을 안무해야 합니다. 이것이 가장 중요한 점입니다.

이노우에 마사지는 이러한 국책과 '대동아공영권' 건설이라는 입장에 서서 이 지역에 대해 상세한 강연을 하였다. 그는 싱가포르 지역에 대해 설명하면서 『남양』과 마찬가지로 스탬퍼드 래플스(Thomas Stamford Bingley Raffles)를 상세하게 설명하고 북보르네오이 사라와크왕국을 건설한 제임스 브룩(James Brooke)에 대해서도 남양을 개척한 영웅으로서 소개하고 있다. 그리고 말레이반도, 자바, 수마트라, 보르네오, 태국, 프랑스령 인도차이나, 버마, 필리핀 등 동남아시아 지역은 물론, 호주와 뉴질랜드의 역사와 현황을 개관하며 남방의 개념을 분명히 하고자 하였다.

특히 이노우에 마사지는 이 책에서 아라오 세이(荒尾精), 스가누마 다다카제(菅沼貞風) 등 메이지 시대 초기 남양지역의 개척자들을 상세하게 소개하고 그들이 수행한 역사적 역할을 치켜세우고 있다. 이러한 점은 대동아공영권이라는 국책에 호응하여 메이지(明治)시대 이래 남양지역과 관련이 있는 자들을 적극적으로 미화하거나 남진의 이상상을 부각하여 그들을 스타로서 치켜세우고자 하였던 당시 지식인들의 과거 역사 왜곡 역할과 일맥상통하고 있는 부분이다.(矢野暢, 『「南進」の系譜』, 中央公論社, 1975)

이 번역서에 게재한 『남양』과 『남방의 일반개념과 우리들의 각오 – 특히 도남(圖南)의 청년에 고한다』라는 책은 1910년대부터 일본을 대표하는 남진론자였던 이노우에 마사지가 1910년대와 40년대에 동남아시아 지역을 각각 어떻게 인식하고 있었는지, 나아가 일본과 그 지역의 관계를 어떻게 설정하고 있는지를 둘러싸고 이 시기 '남진론'의 특징을 살펴볼 수 있는 자료라 할 수 있다.

저자 **이노우에 마사지**井上雅二, 1877~1947

일본 내 아시아주의자이자 대표적인 남진론(南進論) 주창자이며 동남아시
아 지역에서 사업도 수행하고 중의원 의원도 역임하였다. 이 번역서 외에
도 『해외웅비 젊은 일본의 신로(海外雄飛 若き日本の新路)』(民友社, 1929),
『해외 이주문제의 실제(海外移住問題の実際)』(日本植民通信社, 1931) 등 해외
식민사업과 관련한 다수의 저서를 남겼다.

역자 **정병호**

고려대학교 일어일문학과 교수. 일본근현대문학, 한일비교문화론 전공.

저서에는 『일본문학으로 보는 3.1운동』(고려대 출판문화원, 2020.2), 『동
아시아 재난서사』(공저, 보고사, 2020.12) 등이 있고, 학술논문으로는
「일제강점기 한반도 일본어 미디어의 '남양(南洋)' 표상 – 『경성일보(京城
日報)』의 동남아시아 기사를 중심으로」, 「일제강점기 한반도의 이중언어
문학과 일본어 문헌으로 보는 조계지 상해 인식」 등이 있다.

일본 동남아시아 학술총서 1

남양·남방의 일반개념과 우리들의 각오

2021년 4월 30일 초판 1쇄 펴냄

저 자 이노우에 마사지
역 자 정병호
발행자 김흥국
발행처 보고사

책임편집 이순민
표지디자인 손정자

등록 1990년 12월 13일 제6-0429호
주소 경기도 파주시 회동길 337-15 보고사
전화 031-955-9797(대표), 02-922-5120~1(편집), 02-922-2246(영업)
팩스 02-922-6990
메일 kanapub3@naver.com / bogosabooks@naver.com
http://www.bogosabooks.co.kr

ISBN 979-11-6587-172-7 94300
       979-11-6587-169-7 (세트)
ⓒ 정병호, 2021

정가 13,000원